초급 일본어

백동선 지음

현대일본어의 문자와 발음 및 기초적인 문형과 문법습득은 물론이거니와 일본어에 관한 상식, 일본에 대한 상식, 일본문화에 관련된 상식을 이해할 수 있도록 균형 있게 배치하였다.

신아사

머리말

국제화라고 하는 것은 항상 밖을 내다보는 것만을 의미하지는 않는다. 먼저 우리가 살고 있는 이곳을 제대로 이해하고, 한걸음 더 나아가 우리와 관계를 맺고 있는 다른 나라를 이해하며 제대로 된 관계를 정립하는 것이 국제화의 첫걸음이다. 그 가장 가까운 길은 가장 가까운 곳에서 찾을 수 있다. 그곳이 일본이다.

어떤 나라에 대해 알려고 할 때에 가장 종합적이고 폭 넓게 알 수 있는 것은 그 나라가 사용하고 있는 언어를 익히는 것이다. 언어에는 그 언어를 사용하는 사람들의 모든 것이 함축되어 있기 때문이다. 일본을 알려면 먼저 일본어를 알아야 한다.

일본에 대하여 우리는 많은 것을 알고 있다고 생각하는 경향이 있지만 사실은 그렇지 못한 경우가 많다. 제대로 알지도 못하면서 아는 것 같은 착각에 빠져 있는 것은 경계해야 할 일이다.

일본어를 깊이 있게 공부하면 할수록 그 심오한 맛을 느낄 수 있게 되고 일본에 대해 폭넓은 이해가 가능하게 된다. 그리고 그것이 바람직한 관계를 정립하는 데 일조하게 된다. 이 교재로 공부하면서 그 이해의 폭이 더욱 넓어지기를 바라는 바이다.

본 교재는 본격적으로 일본어를 공부하기 전 단계로 일본어의 기본뿐만 아니라 일본어 및 일본과 관련된 기본적인 상식을 더불어 익힘으로서 일본어를 둘러싼 전체적인 이해의 폭을 넓히고자 하는 목적에서 집필하였다. 현대일본어의 문자와 발음 및 기초적인 문형과 문법습득은 물론이거니와 일본어에 관한 상식, 일본에 대한 상식, 일본문화에 관련된 상식을 이해할 수 있도록 적절히 배치하였다. 이를 위하여 각 과의 첫머리에 일본을 상징할 수 있는 사진과 간단한 해설을 실어 상식과 이해의 폭을 넓히도록 하였다. 일본의 대도시나 세계문화유산에 등재될 만큼의 주요관광지, 일본의 연중행사에 관련된 것으로 선정하였다. 사진은 인터넷에 공개되어 있는 자료 중에서 적절한 것을 선택하였다.

또한 일본어를 응용하고 실제로 활용하며 일본어에 대한 흥미를 지속시키기 위하여 노트 형식으로 수수께끼나 한자, 생활일어 또는 상식에 관련된 내용을 균형 있게 배치하여 여러 가지 방법으로 일본어를 습득할 수 있도록 구성하였다.

특히 일본어를 처음 접하는 학생들이 앞으로 일본어를 계속하여 학습하는 데 있어서 흥미와 동기유발을 할 수 있도록 하는데 주안점을 두었다. 전체적으로 알기 쉬운 내용으로 구성하여 학습자의 부담을 경감시킬 수 있도록 하였다. 권말에는 본 교재에서 사용한 어휘 목록을 순서에 따라 뜻과 함께 제시하여 필요할 때에 바로바로 확인할 수 있도록 하였으며, 각 과별 포인트를 정리하여 몇 과에서 무엇을 공부하였는지 일목요연하게 알 수 있도록 하였다.

아무쪼록 본 교재를 통하여 일본어에 흥미를 가지고 지속적으로 학습하여 일본어와 관련된 전체적인 상식과 교양의 폭을 넓혀갈 수 있게 되기 바란다.

2018년 2월 23일

백동선

목차

일본어의 문자 체계

1과

【일본 지도】

일본은 크게 네 개의 섬으로 되어 있다. 섬 전체의 개수는 6852개이고 그 중에서 사람이 살고 있는 유인도는 400개이다. 가장 큰 섬이 네 개이기 때문에 편의적으로 네 개의 섬으로 되어 있다고 한다.

학습목표

일본과 한국

세계의 언어와 일본어

일본어의 문자

오십음도

1. 일본과 한국

우리는 일본이란 나라를 얼마만큼 알고 있을까? 또한, 일본어에 대한 상식은 얼마만큼 갖고 있을까? 먼저, 일본이란 나라가 어떤 나라인지 한국과 비교하면서 개황을 살펴본 후, 세계 언어 안의 일본어에 대해 간략히 살펴보도록 하자.

일본과 한국의 지리적 특징부터 보도록 한다. 많은 한국 사람들이, 그리고 심지어는 일본사람들까지도 일본은 작은 나라라고 이야기한다. 그러나 이것은 맞는 이야기가 아니다. 일본은 결코 작은 나라가 아니기 때문이다.

국토면적을 보더라도 일본은 37만8천 평방킬로미터이다. 지구상에 있는 200여 국가 중에 62위에 해당하는 순위이다. 유럽에서 일본보다 국토면적이 큰 나라는 스웨덴(45만), 스페인(50만5천), 프랑스(55만2천), 우크라이나(60만3천) 정도이다. 러시아(1707만5천)를 포함하면 하나가 더 늘어난다. 독일(35만7천)도 일본보다 작다. 세계 최대의 섬인 그린란드(덴마크령)는 217만 평방킬로미터이지만, 전토의 대부분이 얼음이다.

그럼, 한국과 비교해 보면 어떠한가? 한국은, 남북한 합쳐서 22만 평방킬로미터이며, 남한만으로는 9만9천 평방킬로미터로 세계 109위이다. 즉, 일본은 남한의 약 4배정도의 크기를 갖고 있는 셈이다. 한반도의 1.7배이다. 게다가 일본은 섬나라이다. 이용 가능한 바다가 다른 나라보다 상대적으로 훨씬 넓다는 뜻이다. 해안선 길이는 미국보다 길다.

물론, 러시아나 중국, 미국, 브라질, 인도, 오스트레일리아 등과 비교하면 일본은 작다. 그러나 이렇게 큰 나라는 지구상에 존재하는 국가 중 소수에 지나지 않는다. 인구 면에서 보면, 일본은 1억3천만 명의 인구를 보유하여 세계 10위이다. 한국의 인구는 5300만 명으로 세계 26위이다.

그러면, 왜 한국사람, 일본사람을 막론하고 일본은 작은 나라라는 인식을 갖고 있는 것일까? 우리가 갖고 있는「작은 나라 일본」은 국토면적에서 비롯된 것이 아니다. 그것은 신체적 특징에서 비롯된 것이다.

일본은 역사적으로 신장이 왜소(矮小)했다. 이것이 작은 나라 일본이라는 인식의 출발점이다. 그리고 일본이라는 국명도 중국에 의해 왜국(倭国)이라 불렸으며, 그것을 한국도 그대로 받아들인 것이다.「왜국(倭国)」이란「키 작은 나라」라는 뜻이다. 이와 같이 신체적 특징에 의해 비롯된「작다」라는 개념이 역사의 흐름과 동시에 점차 국토면적으로서의「작다」라는 개념으로 이어진 것이다. 이것은 역사적으로 살펴본 경우이고, 실질적으로 현재 일본인들의 의식에 있는 「작은 나라 일본」은 근대 초기에 서구 열강, 특히 미국과 견주어 보면서 종합적으로 형성된 것이라 할 수 있다.

그러나 현재는 일본을 나타낼 때 「왜(倭)」라는 표현은 쓰지 않는다. 「왜(倭)」라는 개념이 어원적으로도 좋지 않을 뿐 아니라, 「왜구(倭寇)」 등 역사적 이미지가 좋지 않기 때문이다. 현재는 일본어로서 「왜(倭 : わ)」와 발음이 똑같은 「화(和 : わ)」를 쓰고 있다. 「화(和)」는 일본 고대국가인 「야마토(大和)」부터 사용되어온 표현이고 「화합하다, 온화하다」 등, 「왜(倭)」보다는 훨씬 고상한 의미를 지니고 있기 때문이다.

따라서 「일본음식」은 「왜식(倭食 : わしょく)」이 아니고, 「화식(和食 : わしょく)」이 된다. 물론, 한국어로는 「일식(日食)」 또는 「일식(日式」이라고 한다. 일본 전통복장이라면 「왜복(倭服 : わふく)」이 아니라 「화복(和服 : わふく)」이 된다는 것이다. 우리가 흔히 쓰는 「화과자(和菓子 : わがし)」를 굳이 한국어식으로 바꾼다면 「일본과자」이다. 괄호 안의 한자 옆에 쓰인 글자는 우리가 곧 공부하게 될 일본 글자이니 지금은 신경 쓰지 않아도 된다.

어떤 일본학자에 의하면, 일본은 옛날부터 「왜(倭)」라고 불렸는데, 이는 「인(人)」과 「위(委)」자를 합친 것으로 「타인에게 자신을 위임(委任)한다, 즉, 맡긴다」는 뜻을 나타내며, 타인에게 잘 따르는 일본인의 습성을 나타낸다고 한다. 그러나 이것은 문자를 편의적으로 분석하여 문화적으로 해석한 것이므로 근원과는 관계없는, 일본인의 습성과 결부시킨 이야기일 뿐이다. 어원은 일본인의 습성에서 비롯된 것이 아니라, 신체적 특성에서 비롯된 것이다.

2. 세계 언어 안의 일본어

언어와 관련된 얘기를 하도록 하자. 언어학계의 통계에 의하면 지구상에는 약 3000여개의 언어가 존재한다. 그러나 이 중에서 일반적으로 알려지거나 알고 있는 언어는 별로 많지 않다.

어떤 사람이 태어나서 자연적으로 습득한 언어를 사용하는 인구의 총합을 언어사용인구라고 한다. 국가나 국적과는 다른 개념이다. 언어사용인구를 살펴보면 대략 언어의 판도를 가늠할 수 있다. 화자(話者)가 1억 명 이상인 언어를 대언어(大言語, major language)라고 하는데, 대언어는 다음의 표와 같이 10개가 있다.

<언어사용인구표>

순위	언어	언어사용인구수	주요사용국
1	중국어	13억	중국
2	영어	6억	영국, 미국
3	힌디어	3억5천	인도
4	러시아어	2억8천	러시아
5	스페인어	2억5천	스페인, 남미
6	아랍어	2억	아랍연합
7	포르투갈어	1억9천	포르투갈, 남미
8	벵골어	1억8천	방글라데시
9	프랑스어	1억6천	프랑스
10	일본어	1억3천	일본

표를 보면 2억을 넘는 언어사용인구를 보유하고 있는 언어가 여섯 개이고, 1억에서 2억까지의 언어사용인구를 보유한 언어가 네 개로서, 이상이 상위 10위권의 언어들임을 알 수 있다. 이 중, 일본어는 1억3천만 명의 언어사용인구로 제10위를 점하고 있다. 국가별 인구 순위로도 일본은 10위이다.

인도네시아의 경우, 총인구는 2억6천만이다. 그러나 인도네시아에는 300이상의 종족이 있고 250여개의 언어가 있다. 이중, 언어사용인구 1위는 자바어이고, 2위는 순다어, 3위는 인도네시아어이다. 이 3위권의 언어인 인도네시아어가 인도네시아의 국어로 정해져 있다. 정책적 배려라고 할 수 있다. 자바어를 모어로 하는 인구가 1억에 육박하며, 인도네시아어를 모어로 사용하는 인구는 3천만 정도이다. 한편, 한국어는 언어사용인구 7천5백만 명으로 세계 15위권이다. 언어사용인구의 통계는 학자에 따라 차이가 있다.

지구상에 3천개 정도 있는 언어 중에 일본에서 사용되는 언어는 주로 3개로 계산한다. 하나는 우리가 공부할 전국공통어인 일본어이고, 또 하나는 홋카이도의 아이누어, 다른 하나는 오키나와의 류큐어이다. 현재 오키나와의 류큐어는 일본어에 많이 동화되어 오키나와방언화하는 과정에 있지만 원래는 다른 언어이다.

공통어로서의 일본어는 도쿄의 주거지역에 거주하는 교양 있는 일본인들이 사용하는 언어이다. 우리는 지금부터 이 언어를 학습하는 것이다.

3. 일본어의 문자 체계

일본어에 대하여 일본의 학교교육에서는 「국어」라는 명칭으로 교육되는 경우가 많고, 「일본어」라는 명칭은 세계의 여러 언어 중의 하나라는 객관적인 명칭으로서 외국인을 위한 일본어교육에서 주로 사용되는 용어이기도 하다. 그러나 근래에는 일본어라는 용어가 국제화와 더불어 그 사용 폭을 넓혀가고 있다고 할 수 있다. 해외에서는 유력한 외국어의 하나로 학습하는 경우가 많다.

일본어의 문자 이름은 가나(仮名 : かな)이다. 앞으로 필요에 따라 일본어 단어 옆에 한자를 병기하여 참고할 수 있도록 한다. 단, 한자가 부담스러운 학습자는 굳이 지금 한자까지 암기하려고 하지 않아도 된다. 일본어를 학습해 가는 과정에서 자연스럽게 한자를 늘려갈 수 있게 될 것이다. 일본어 문장을 공부하는 단계에 들어가면 기본적인 한자어는 한자를 먼저 표기하고 그 읽기를 가나로 표기하게 될 것이다. 이때의 한자는 일본에서 사용하는 한자이며, 이때부터는 한자를 같이 학습하게 된다.

가나는 히라가나(平仮名 : ひらがな)와 가타카나(片仮名 : カタカナ)라는 두 가지 종류로 나뉜다. 음가가 같은 문자가 두 종류가 있다는 것이다. 까다롭게 느껴지지만 생각해 보면 영어도 대문자와 소문자라는 두 가지의 문자 체계를 갖고 있다.

일상적인 문자생활에 있어서는 히라가나가 한자와 섞여서 일반적으로 쓰인다. 가타카나는 외래어를 표기할 때에 주로 쓰이며, 그밖에 숫자나 로마자 등이 필요에 따라 쓰이게 된다.

일본어의 문자와 발음은 청음과 탁음, 반탁음, 요음, 촉음, 발음(撥音), 장음 등으로 나뉜다. 다음 과에서부터 차례대로 학습하게 될 것이다.

4. 오십음도

가장 기본적인 문자인 청음은 다음과 같이 주로 표로 나타내는데, 이와 같이 가나를 5자씩 10행으로 구분하여 정리한 것을 오십음도(五十音図)라고 한다. 한글의 가나다라표라고 생각하면 된다. 이 표에 나타난 5개의 가로의 줄을 단(段)이라고 하며, 10개의 세로의 줄을 행(行)이라고 한다. 오십음도는 50개의 글자이어야 하지만, 현대어에서 일반적으로 쓰이는 청음의 수는 히라가나와 가타카나 각각 46자이다.

이 표는 전체적인 틀을 이해하기 위해 제시한 것이니 일단 시각적으로 확인해 두면 된다. 글자 하나하나는 다음 과부터 차례대로 학습한다. 학습할 때는 이 표에 배치된 순서대로 진행한다. 일본어의 사전이 이 표의 순서대로 편집되기 때문이다. 히라가나를 먼저 익혀주기 바라며, 틈나는 대로 가타카나도 익힐 수 있도록 하는 것이 좋다.

히라가나는 한자의 초서체에서 비롯된 것이기 때문에 전체적으로 유연한 모습을 하고 있다.

가타카나는 한자의 한 부분을 이용한 것이 많아 전체적으로 딱딱한 느낌을 주는 문자이다.

(1) 히라가나

행 / 단	あ행	か행	さ행	た행	な행	は행	ま행	や행	ら행	わ행	
あ단	あ	か	さ	た	な	は	ま	や	ら	わ	ん
い단	い	き	し	ち	に	ひ	み		り		
う단	う	く	す	つ	ぬ	ふ	む	ゆ	る		
え단	え	け	せ	て	ね	へ	め		れ		
お단	お	こ	そ	と	の	ほ	も	よ	ろ	を	

(2) 가타카나

행 / 단	ア행	カ행	サ행	タ행	ナ행	ハ행	マ행	ヤ행	ラ행	ワ행	
ア단	ア	カ	サ	タ	ナ	ハ	マ	ヤ	ラ	ワ	ン
イ단	イ	キ	シ	チ	ニ	ヒ	ミ		リ		
ウ단	ウ	ク	ス	ツ	ヌ	フ	ム	ユ	ル		
エ단	エ	ケ	セ	テ	ネ	ヘ	メ		レ		
オ단	オ	コ	ソ	ト	ノ	ホ	モ	ヨ	ロ	ヲ	

일본어의 글자와 발음 1

2과

【후지산 (富士山)】

후지산은 일본에서 가장 높은 3776미터의 산이다. 일본을 상징하는 산으로 2013년에 세계문화유산에 등재되었다. 많은 사람들이 세계자연유산으로 알고 있으나 문화적인 측면이 강조되어 문화유산으로 인정받았다.

학습목표
청음 히라가나 가타카나

1. 청음 (清音)

청음은 일반적으로 오십음도의 기본표에 실린 음을 말한다. 그 중에서도 가장 기본이 되는 히라가나부터 익혀나가도록 하자. 각 문자에 로마자표기와 한글표기를 곁들이고 간단한 단어를 제시하도록 한다.

1.1 히라가나

(1) あ행 (a행)

あ행은 일본어의 모음이다. 일본어의 모음은 이 あ행의 다섯 개로 되어 있다. あ행의 발음은 한국어의 [아·이·우·에·오]와 비슷하다. 단, [う]는 한국어의 [우]에 가깝게 발음이 되는 경우와 [으]에 가깝게 발음되는 경우가 있다.

	a	i	u	e	o
あ행	あ	い	う	え	お
	아	이	우	에	오

예) あい (愛) : 사랑　　いえ (家) : 집　　うえ (上) : 위
　あお (青) : 파랑　　え (絵) : 그림　　おい : (남자)조카

(2) か행 (ka행)

か행은 단어의 첫머리에 올 때는 [가]에 가깝게, 그 밖의 경우에는 [까]에 가깝게 발음된다. 이하의 표에서는 나중에 나올 탁음과의 구별을 위하여 [카·키·쿠·케·코]로 표기하기로 하지만, 일본어는 일반적으로 격음(거센소리)으로 발음하지 않는다는 것을 염두에 두자.

か 행	ka か 카	ki き 키	ku く 쿠	ke け 케	ko こ 코

예) かき (柿) : 감　　きく (菊) : 국화　　いか : 오징어
　いく : 가다　　ここ : 여기　　け (毛) : 털

(3) さ행 (sa행)

さ행은 한국어의 [사·시·스·세·소]와 비슷하게 발음한다. 이 중, [す]는 [수]보다는 [스]에 가깝게 발음되는 점에 유의해야 한다. [시]의 발음은 한국어의 발음과 마찬가지로 구개음화하므로 로마자로 표기할 때는 shi 로 표기하는 것이 일반적이다.

さ 행	sa さ 사	shi し 시	su す 스	se せ 세	so そ 소

예) さけ (酒) : 술　　しお (塩) : 소금　　すし (寿司) : 초밥
　せき (席) : 자리　　うそ : 거짓말　　かさ (傘) : 우산

(4) た행 (ta행)

た행은 말머리에서는 한국어의 [다·치·츠·데·도]와 비슷하게 발음하고, 그 밖에서는 [따·찌·쯔·떼·또]에 가깝게 발음한다. 특히, [つ]의 모음은 [우]가 아니라 완전히 [으]에 가깝게 발음한다. 즉, [추] [쭈]가 아니라 완전히 [츠] [쯔]에 가깝게 발음하는 것이다. 단, 한국어의 「ㅊ, ㅉ」 발음과 달리 일본어의 「つ」는 입천장소리가 아니라 잇몸에서 만들어지는 음이므로 발음에 주의해야 한다.

	ta	chi	tsu	te	to
た행	た	ち	つ	て	と
	타	치	츠	테	토

예) たこ : 문어 くち (口) : 입 つき (月) : 달
て (手) : 손 いと (糸) : 실 とち (土地) : 토지

(5) な행 (na행)

な행은 한국어의 [나·니·누·네·노]와 거의 비슷하게 발음되기 때문에 익히기에 별 어려움이 없다.

	na	ni	nu	ne	no
な행	な	に	ぬ	ね	の
	나	니	누	네	노

예) なつ (夏) : 여름 にし (西) : 서쪽 いぬ (犬) : 개
ねこ (猫) : 고양이 つの (角) : 뿔 かね (金) : 돈

(6) は행 (ha행)

は행은 한국어의 [하·히·후·헤·호]와 거의 비슷하게 발음된다. 그러나 이 は행은 발음하기가 의외로 어렵다. 어두에서는 별다른 문제가 없으나 그 밖에서 발음될 때는 한국어의 간섭을 받아 [h] 음가가 거의 탈락하여 [아·이·우·에·오]와 같이 들리게 되므로 [h] 음가가 탈락하지 않도록 주의해야 한다. [후]는 입술에서 나는 소리이므로 로마자로는 fu 로 표기한다.

は 행	ha は 하	hi ひ 히	fu ふ 후	he へ 헤	ho ほ 호

예) はな (花) : 꽃　　　ひと (人) : 사람　　　ふね (船) : 배
へそ : 배꼽　　　ほし (星): 별　　　ひる (昼) : 낮

(7) ま행 (ma행)

ま행의 발음은 한국어의 [마 · 미 · 무 · 메 · 모]와 거의 비슷하다. 따라서 발음하기에 특별한 어려움은 없을 것이다.

ま 행	ma ま 마	mi み 미	mu む 무	me め 메	mo も 모

예) まめ (豆) : 콩　　　みみ (耳) : 귀　　　むね (胸) : 가슴
め (目): 눈　　　もも (桃) : 복숭아　　　むかし (昔) : 옛날

(8) や행 (ya행)

や행은 두 글자가 사라지고 현재는 세 글자만 사용된다. 발음은 한국어의 [야 · 유 · 요]와 비슷하다. 원래는 [이·에]와 흡사한 발음의 문자가 있었다는 기록에 의해 あ행의 「い」「え」로 대체 표기하여 오십음도를 채우거나 경우에 따라서는 공란으로 두기도 한다. 실질적으로 や행은 [야·유·요]만 있는 것이다.

や행	ya や 야		yu ゆ 유		yo よ 요

예) やま (山) : 산　　ゆき (雪) : 눈　　ゆめ (夢) : 꿈
よこ (横) : 옆　　ひゆ (比喩) : 비유　　ゆか (床) : 마루

(9) ら행 (ra행)

ら행은 한국어의 [라·리·루·레·로]와 거의 비슷하게 발음된다. 따라서 발음이 쉬울 것 같으나 의외로 어려운 발음이다. 일본어에서는 두음법칙이 적용되지 않기 때문에 어두에서도 [라·리·루·레·로]를 확실하게 발음할 수 있도록 하자.

ら행	ra ら 라	ri り 리	ru る 루	re れ 레	ro ろ 로

예) そら (空) : 하늘　　あり : 개미　　にら : 부추
いろ (色) : 색　　るす : 부재중　　りす : 다람쥐

(10) わ행 (wa행)

わ행은 현재 두 글자만 남아 있다. 발음은 한국어의 [와·오]와 거의 비슷하다. 원래는 あ행의 [이·우·에]와 비슷한 발음의 글자가 있었기 때문에 「い, う, え」로 대체 표기하여 표를 채우는 경우도 있지만 일반적으로는 비워 둔다. 이 중에서 특히 「い」「え」에 해당하는 원래의 글자인 「ゐ」「ゑ」는 현대어에서도 가끔 볼 수 있는 경우도 있

다.「を」는「お」와 발음이 같으며,「을 · 를」에 해당하는 목적격조사로만 사용된다.

「ん(응)」은 받침과 같은 역할을 하는데, 나중에 첨가된 글자로 특별한 행이 없어 わ행의 옆에 배치해 둔다. 음가는 [N]으로 대표 표기하지만, 이는 일종의 발음부호이며 몇 가지의 다른 발음을 가지고 있다. 이에 대해서는 일본어의 발음법칙에서 학습하게 된다.

わ행	wa わ 와				o を 오	N ん 응

예) わに : 악어　　かわ (川) : 강　　わいろ : 뇌물

ほん (本) : 책　　ほんを かう : 책을 사다

1.2 가타카나

청음의 가타카나는 다음과 같다. 발음하는 방법은 히라가나와 같다. 일단은 보고 읽을 수 있도록 하기 바란다. 「ン(응)」은 「ワ 행」 옆에 곁들여 둔다.

ア 행 (a)	ア 아	イ 이	ウ 우	エ 에	オ 오	
カ 행 (ka)	カ 카	キ 키	ク 쿠	ケ 케	コ 코	
サ 행 (sa)	サ 사	シ 시	ス 스	セ 세	ソ 소	
タ 행 (ta)	タ 타	チ 치	ツ 츠	テ 테	ト 토	
ナ 행 (na)	ナ 나	ニ 니	ヌ 누	ネ 네	ノ 노	
ハ 행 (ha)	ハ 하	ヒ 히	フ 후	ヘ 헤	ホ 호	
マ 행 (ma)	マ 마	ミ 미	ム 무	メ 메	モ 모	
ヤ 행 (ya)	ヤ 야		ユ 유		ヨ 요	
ラ 행 (ra)	ラ 라	リ 리	ル 루	レ 레	ロ 로	
ワ 행 (wa)	ワ 와				ヲ 오	ン 응

* 다음에 보이는 가타카나로 된 단어의 예에서 「ー」은 직전에 나오는 모음을 한 박자 길게 발음한다는 부호이다. 발음법칙에 대해서는 나중에 다시 나온다. 가타카나는 주로 외래어에 쓰이기 때문에 읽을 줄만 알면 대략 뜻을 짐작할 수 있다.

예) アイス (ice) : 얼음
オーケー (OK) : 오케이
ケーキ (cake) : 케이크
ココア (cocoa) : 코코아
シーソー (seesaw) : 시소
シーツ (sheet) : 시트
タクシー (taxi) : 택시
トマト (tomato) : 토마토
ナイトクラブ (night club) : 나이트클럽
ネール (nail) : 네일
ヘア (hair) : 헤어, (머리)털
ホルモン (독 Hormon) : 호르몬
マイク (mike) : 마이크
メモ (memo) : 메모
ヨーグルト (독 Yoghurt) : 요구르트
ヨーロッパ (포 Europa) : 유럽
リスト (list) : 리스트
ルーレット (프 roulette) : 룰렛
ワイシャツ (white shirt) : 와이셔츠
ワイン (wine) : 와인

일본어의 글자와 발음 2

3과

【도쿄스카이트리 (東京スカイツリー)】

도쿄스카이트리는 634미터의 높이로 2012년에 완성된 전파탑이다. 세계에서 가장 높은 전파탑으로 기네스북에 기록되었다. 높이는 도쿄 부근의 옛 지명인 무사시(武蔵)의 첫 글자를 따서 634미터로 맞춘 것이다.

학습목표
탁음 반탁음 요음

1. 탁음 (濁音)

탁음이란, 청음「か행·さ행·た행·は행」의 오른쪽 어깨 위에 탁음부호(=탁점「゛」)를 붙여서 나타내는 음을 말한다. 탁음은 각각 대응하는 청음이 성대를 진동하지 않는 무성음인데 반하여 성대의 진동에 의해 생성되는 유성음이다. 탁음의 발음은 한국인에게는 매우 어려운 발음이므로 터득에 많은 노력을 하여야 할 것이다.

1.1 히라가나

(1) が행 (ga행)

が행은 무성음 か행에 대응한 유성음이다. 이 が행을 한국어로 단독으로 표기할 수는 없으나, 편의상「가·기·구·게·고」로 표기한다. 이 발음은 한국어의 어두에서는 나타나지 않고, 어중이나 어말에 나타나는 발음이다. 따라서 어두의 が행 발음에 특히 주의를 기울여야 한다.

	ga	gi	gu	ge	go
が행	が	ぎ	ぐ	げ	ご
	가	기	구	게	고

예) がくせい (学生) : 학생　　ぎむ (義務) : 의무　　かぐ (家具) : 가구
　げんかん (玄関) : 현관　　ごご (午後) : 오후　　げた : 나막신

(2) ざ행 (za행)

ざ행은 さ행의 유성음이다. 이 중에서「じ」를 제외한「ざ·ず·ぜ·ぞ」의 자음은 한국어에 없는 [z] 발음이므로 특히 주의하지 않으면 안 된다.「じ」는 구개음화하므로「zi」가 아니라「ji」로 표기한다.

	za	ji	zu	ze	zo
ざ행	ざ	じ	ず	ぜ	ぞ
	자	지	즈	제	조

예) ざせき (座席) : 좌석　　じしょ (辞書) : 사전　　ちず (地図) : 지도
かぜ (風) : 바람　　ぞう (象) : 코끼리　　ざぶとん : 방석

(3) だ행 (da행)

だ행은 무성음 た행에 대한 유성음이다. 이 だ행도 어두에 올 때는 발음이 매우 어렵다. だ행 중에서, 「ぢ」「づ」는 ざ행의 「じ」「ず」와 발음이 같기 때문에 로마자 표기도 같다.

	da	ji	zu	de	do
だ행	だ	ぢ	づ	で	ど
	다	지	즈	데	도

예) だいこん (大根) : 무　　はなぢ (鼻血) : 코피　　つづみ : 장구
うで (腕) : 팔　　いど (井戸) : 우물　　やど (宿) : 숙소

(4) ば행 (ba행)

ば행은 무성음 は행에 대한 유성음의 형태를 하고는 있지만, 발음하는 방법이 다르다. は행은 목구멍에서 내는 소리인데 비하여, ば행은 입술에서 내는 소리이다.

ば행	ba ば 바	bi び 비	bu ぶ 부	be べ 베	bo ぼ 보

예) ばら : 장미　　くび(首) : 목　　ぶた (豚) : 돼지
　かべ (壁) : 벽　　ぼうし (帽子) : 모자　　あくび : 하품

1.2 가타카나

탁음의 가타카나는 다음과 같다. 발음하는 방법은 히라가나와 같다. 먼저 보고 읽을 수 있도록 하기 바란다.

ガ행 (ga)	ガ 가	ギ 기	グ 구	ゲ 게	ゴ 고
ザ행 (za)	ザ 자	ジ 지	ズ 즈	ゼ 제	ゾ 조
ダ행 (da)	ダ 다	ヂ 지	ヅ 즈	デ 데	ド 도
バ행 (ba)	バ 바	ビ 비	ブ 부	ベ 베	ボ 보

예) ゲスト (guest) : 게스트　　ゴリラ (gorilla) : 고릴라
　ソーセージ (sausage) : 소시지　　チーズ (cheese) : 치즈
　サウンド (sound) : 사운드　　ドア (door) : 문
　ビタミン (vitamin) : 비타민　　ベスト (best) : 베스트

2. 반탁음 (半濁音)

반탁음이란, は행의 오른쪽 어깨 위에 반탁음부호(「 ° 」)를 붙여서 나타내는 음으로, 반탁음은 이 ぱ행(pa행)만 있다. ぱ행은 반탁음이란 명칭이 붙어 있으나, 이 자음에 유성음의 요소는 없고 순수한 무성음이다. 발음은 외래어의 경우는 [파·피·푸·페·포]에 가깝고, 고유일본어의 경우에는 [빠·삐·뿌·뻬·뽀]에 가깝다.

또한 ぱ행은 의성어와 의태어로도 많이 쓰이는데, 의성어는 [파·피·푸·페·포]로 발음되는 경향이 있고, 의태어는 [빠·삐·뿌·뻬·뽀]로 발음되는 경향이 있다.

먼저 반탁음 ぱ행의 히라가나는 다음과 같다.

ぱ행	pa ぱ 파	pi ぴ 피	pu ぷ 푸	pe ぺ 페	po ぽ 포

예) ぴかぴか : 반짝반짝　　　　せんぷうき : 선풍기

ぺこぺこ : 배고픈 모양　　　　ぽかぽか : 따뜻한 모양

한편, 반탁음의 가타카나 パ행(pa행)은 다음과 같다.

パ행	パ	ピ	プ	ペ	ポ
	파	피	푸	페	포

예) パセリ (parsley) : 파슬리　　　　ポルトガル (Portugal) : 포르투갈

3. 요음 (拗音)

요음이란, 일본어의 「い단」 중에서 あ행과 や행을 제외한 「き·し·ち·に·ひ·み·り·ぎ·じ·ぢ·び·ぴ」에 반모음의 역할을 하는 「や·ゆ·よ」를 작게 써서 한 음절로 발음하는 글자와 음을 말한다. 이 중, 「ぢゃ·ぢゅ·ぢょ」는 연탁음이나 몇 개의 예외를 제외하고는 거의 쓰이지 않으며, 같은 발음인 「じゃ·じゅ·じょ」가 일반적으로 쓰인다. 요음은 히라가나와 가타카나를 같이 제시하도록 한다.

3.1 청음

kya	kyu	kyo
きゃ　キャ	きゅ　キュ	きょ　キョ
캬	큐	쿄

예) きゃくしつ (客室) : 객실　　きゅうり : 오이
きょねん (去年) : 작년　　キャラメル (caramel) : 캐러멜

sha	shu	sho
しゃ　シャ	しゅ　シュ	しょ　ショ
샤	슈	쇼

예) しゃかい (社会) : 사회　　しゅみ (趣味) : 취미
しょうかい (紹介) : 소개　　ナイトショー (night show) : 나이트 쇼

cha	chu	cho
ちゃ　チャ	ちゅ　チュ	ちょ　チョ
챠	츄	쵸

〈참고〉 이 발음을 외래어 표기법에서는 「차, 추, 초」로 표기하고 있다. 그러나, 요음의 모음은 「야, 유, 요」로 표기하는 것이 일관성이 있다고 판단되어 본서에서는 「챠, 츄, 쵸」로 표기하였다.

예) おちゃ (お茶) : 차　　ちゅうごく (中国) : 중국

　ちょうさ (調査) : 조사　　チャイナタウン (Chinatown) : 차이나타운

nya	nyu	nyo
にゃ　ニャ	にゅ　ニュ	にょ　ニョ
냐	뉴	뇨

예) こんにゃく : 곤약, 구약나물　　にゅうしゃ (入社) : 입사

　にょろにょろ : 꿈틀꿈틀　　ニュアンス (프 nuance) : 뉘앙스

hya	hyu	hyo
ひゃ　ヒャ	ひゅ　ヒュ	ひょ　ヒョ
햐	휴	효

예) ひゃく (百) : 백　　ひょう (表) : 표

　ひょいと : 무심코, 힐끔　　ヒューズ (fuse) : 퓨즈

mya	myu	myo
みゃ　ミャ	みゅ　ミュ	みょ　ミョ
먀	뮤	묘

예) みゃくらく (脈絡) : 맥락　　みょうぎ (妙技) : 묘기
　みょうに (妙に) : 묘하게　　ミュージカル (musical) : 뮤지컬

rya	ryu	ryo
りゃ　リャ	りゅ　リュ	りょ　リョ
랴	류	료

예) りゃくしき (略式) : 약식　　りゅうがく (留学) : 유학
　りょう (寮) : 기숙사　　リューマチ (rheumatism) : 류머티즘

3.2 탁음 · 반탁음

gya	gyu	gyo
ぎゃ　ギャ	ぎゅ　ギュ	ぎょ　ギョ
갸	규	교

예) ぎゃく (逆) : 반대　　ぎゅうにゅう (牛乳) : 우유
　ぎょうせき (業績) : 업적　　ギャンブル (gamble) : 도박

ja じゃ　ジャ 쟈	ju じゅ　ジュ 쥬	jo じょ　ジョ 죠

〈참고〉 이 발음을 외래어 표기법에서는 「자, 주, 조」로 표기하고 있다. 그러나 일관성을 위하여 본서에서는 「쟈, 쥬, 죠」로 표기한다.

예) じゃま : 방해　　じゅけん (受験) : 수험
じょうしき (常識) : 상식　　ジャケット (jacket) : 재킷

bya びゃ　ビャ 뱌	byu びゅ　ビュ 뷰	byo びょ　ビョ 뵤

예) さんびゃく (三百) : 삼백　　びょうどう (平等) : 평등
びょうぶ : 병풍　　ビューティー (beauty) : 뷰티

pya ぴゃ　ピャ 퍄	pyu ぴゅ　ピュ 퓨	pyo ぴょ　ピョ 표

예) はっぴょう(発表): 발표　　ぴょこぴょこ : 홀딱홀딱
ぴょんぴょん : 깡충깡충　　ピューマ (puma) : 퓨마

일본어의 글자와 발음 3

4과

【금각사 (金閣寺)】

금각사(きんかくじ)는 교토를 대표하는 관광명소이다. 건물의 내외 벽에 금박을 붙였기 때문에 통칭 금각사로 통한다. 정식 명칭은 로쿠온지(鹿苑寺)이며 세계문화유산에 등록되어 있다. 교토를 관광하는 사람이라면 거의 들르게 되는 곳이다.

학습목표
촉음, 발음 장음, 한자 오쿠리가나

1. 촉음

촉음(促音)이란 「つ」(가타카나는 「ッ」)를 다른 글자 다음에 작게 써서 표기하는 것으로, 발음은 다음에 오는 음에 따라 다르게 된다. 이때 주의할 점은 촉음이 글자는 작지만 다른 글자와 마찬가지로 한 글자분의 음성적 길이를 갖는다는 점이다. 한국어의 받침 역할을 한다고 할 수 있다. 이 촉음은 외래어 등의 독특한 경우를 제외하고는 일반적으로 「か·さ·た·ぱ」행의 앞에서만 나타나게 되며, 이 경우, 발음은 뒤에 오는 음과 같은 자음이 된다.

(1) [k] 음 앞에서 [k] 발음

예) いっかい : ikkai (한 번)　　にっき : nikki (일기)
　　みっか : mikka (삼일)　　いっこ : ikko (한 개)

(2) [s] 음 앞에서 [s] 발음

예) いっさい : issai (일체)　　ざっし : zasshi (잡지)
　　こっそり : kossori (살며시)　　さっそく : sassoku (즉시)

(3) [t] 음 앞에서 [t] 발음

예) いったい : ittai (도대체)　　きって : kitte (우표)
　　きっと : kitto (꼭)　　しっとり : shittori (촉촉이)

(4) [p] 음 앞에서 [p] 발음

예) いっぱい : ippai (가득)　　やっぱり : yappari (역시)
　　きっぷ : kippu (표)　　コップ : koppu (네 kop, 컵)

2. 발음

발음(撥音)이란 「ん」(가타카나는 「ン」)을 말한다. 「ん」은 촉음과 마찬가지로 한국어의 받침과 같은 역할을 하며, 다른 가나와 마찬가지로 한 박자분의 음성적 길이를 갖는다. 「ん」은 그 다음에 오는 음에 따라 다음의 네 가지로 발음(発音)된다.

(1) 「ま · ば · ぱ」 행 앞에서 : 「m」

입술소리 앞에 「ん」이 오면 입술소리의 대표음인 「m」 음가가 되기 때문에 입을 다물고 다음 음을 발음하기 위해 준비하면 된다.

예) さんま : samma (꽁치)　　ほんば : homba (본고장)
ほんぶ : hombu (본부)　　さんぽ : sampo (산보, 산책)

(2) 「さ · ざ · た · だ · な · ら」 행 앞에서 : 「n」

잇몸소리 앞에 「ん」이 오면 잇몸소리의 대표음인 「n」 음가가 되기 때문에 「n」이 발음되는 곳에 혀를 갖다 놓고 다음 음을 발음하기 위해 준비하면 된다.

예) しんせつ : shinsetsu (친절)　　かんじ : kanji (한자)
はんたい : hantai (반대)　　もんだい : mondai (문제)
あんない : annai (안내)　　しんらい : shinrai (신뢰)

(3) 「か · が」 행 앞에서 : 「ng」

연구개음 앞에 「ん」이 오면 연구개음의 대표음인 「ng」 음가가 되기 때문에 입천장의 안쪽에서 다음 음을 발음하기 위해 준비한다.

예) けんがく : keng-gaku (견학)　　こんかい : kong-kai (이번)
かんこく : kang-koku (한국)　　にほんご : nihong-go (일본어)

(4) 「あ·は·や·わ」행 앞 및 「ん」으로 끝날 때 : 「N」

이 「N」은 일종의 발음부호인데, 특별히 주의하여 듣지 않는 한, (3)의 「ng」과 거의 비슷하게 들린다. 발음도 뒤에 오는 음에 따라 자연스럽게 변화하므로 「ng」으로 생각하고 발음하면 된다. 음성적 환경에 의해 자연스럽게 콧소리로 발음되게 되는 것이다. 그러므로 「ん」의 발음은 「m, n, ng」의 세 종류로 요약할 수 있다. 「N」으로 표기하면 발음 [n]으로 착각하여 오히려 이해에 혼란이 되기 때문에 「ng」으로 표기하도록 한다.

예) れんあい : reng-ai (연애)　　はんえい : hang-ei (번영)
　ほんや : hong-ya (책방)　　でんわ : deng-wa (전화)
　みかん : mikang (귤)　　ほん : hong (책)

3. 장음

장음(長音)이란, 가나 한 글자분의 음성적 길이를 가지고 길게 발음하는 것을 말한다. 히라가나의 장음은, あ단 다음에는 「あ」, い단 다음에는 「い」, う단 다음에는 「う」, え단 다음에는 「え」, お단 다음에는 「お」를 덧붙여 표기하고 발음한다. 단, え단 다음의 「い」, お단 다음의 「う」도 장음으로 발음하며, え단과 お단의 경우는 「え단+い」, 「お단+う」로 표기하고 장음으로 발음하는 것이 더욱 일반적이다. 가타카나의 경우의 발음법칙은 히라가나와 같으나 장음의 표기는 단의 종류에 관계없이 장음부호 「ー」로 한다.

(1) あ단의 장음

예) おかあさん : 어머니　　おばあさん : 할머니
스カート : 스커트　　スタート : 스타트

(2) い단의 장음

예) おじいさん : 할아버지　　おにいさん : 형, 오빠
しいたけ : 표고버섯　　シート : 시트

(3) う단의 장음

예) くうき : 공기　　すうがく : 수학
つうがく : 통학　　ふうふ : 부부

(4) え단의 장음

예) おねえさん : 누나, 언니　　えいご : 영어
せんせい : 선생님　　せいけつ : 청결

(5) お단의 장음

예) おおい : 많다　　おとうと : 남동생
いもうと : 여동생　　ようじ : 용무

4. 한자

일본어를 공부하는 데에 있어서 한자(漢字)는 필수라고 할 수 있다. 여기에서 주의할 점은, 한국어의 한자는 한 글자를 한 음으로 읽는 것이 일반적이지만, 일본어의 한자는 같은 한자가 여러 가지로 읽힌다는 점이다.

일본어의 한자는 일반적으로 음독(音読)과 훈독(訓読) 이라는 두 가지 종류로 읽힌다. 음독이란 중국어식 음으로 읽는 방법으로 한국어에 있어서의 한자 읽기와 흡사한 방식이다. 훈독이란 일본고유의 말에 의미가 상통하는 한자를 대입시킨 것으로 일본어 한자 읽기의 독특한 방법이라 할 수 있다.

음독은 다른 한자와 결합하여 단어를 형성하는 경우가 많고, 훈독은 그 자체가 단어인 경우가 많다.

몇 가지의 예를 들어 보자.

한자의 예	음 독	음독의 예	훈 독	훈독의 뜻
山	さん	富士山(ふじさん)	やま	산
間	かん	間接(かんせつ)	あいだ	사이
時	じ	時間(じかん)	とき	때
先	せん	先生(せんせい)	さき	먼저
口	こう	口実(こうじつ)	くち	입
家	か	家族(かぞく)	いえ	집
月	げつ	月末(げつまつ)	つき	달
物	ぶつ	生物(せいぶつ)	もの	물건
手	しゅ	手動(しゅどう)	て	손
力	りょく	努力(どりょく)	ちから	힘

5. 오쿠리가나

일본어의 단어를 뜻으로 읽을 때, 즉 훈독을 할 때에 주로 의미를 담당하는 어간 부분은 한자로 표기하고 문법적인 기능을 담당하는 어미 부분은 가나로 표기한다. 이때 한 단어 안에서 한자의 뒷부분에 표기하는 가나를 오쿠리가나(送り仮名)라고 한다.

예를 들면 다음과 같다. 밑줄 부분이 오쿠리가나이다.

예) 歌い方(うたいかた): 노래하는 법
読み書き(よみかき): 읽고 쓰기
歩く(あるく): 걷다
起きる(おきる): 일어나다
食べる(たべる): 먹다
勉強する(べんきょうする): 공부하다
寒い(さむい): 춥다
美しい(うつくしい): 아름답다
奇麗だ(きれいだ): 예쁘다
静かだ(しずかだ): 조용하다

5과

わたしは　がくせいです

【연하장 (年賀状)】

1월 1일은 일본의 설날이다. 이날 아침에 그동안 우체국에 모아둔 새해의 연하장이 일제히 배달된다.

학습목표

명사문 ~です

명사의문문 ~ですか

명사부정문 ~ではありません

기본문형

私は 学生です。(저는 학생입니다)

田中さんも 学生ですか。(다나카씨도 학생입니까?)

佐藤さんは 学生ではありません。(사토씨는 학생이 아닙니다)

Main Sentence

田中(たなか)：はじめまして。私(わたし)は 田中(たなか)です。

鈴木(すずき)：はじめまして。私(わたし)は 鈴木(すずき)です。

よろしく お願(ねが)いします。

田中：こちらこそ、どうぞ よろしく お願(ねが)いします。

鈴木(すずき)さんは 学生(がくせい)ですか。

鈴木：はい、そうです。

田中(たなか)さんも 学生(がくせい)ですか。

田中：はい、私(わたし)も 学生(がくせい)です。

鈴木：佐藤(さとう)さんも 学生(がくせい)ですか。

田中：いいえ、佐藤(さとう)さんは 学生(がくせい)ではありません。

◆ 본문해석

다나카 : 처음 뵙겠습니다. 저는 다나카입니다.

스즈키 : 처음 뵙겠습니다. 저는 스즈키입니다.

잘 부탁합니다.

다나카 : 저야말로 부디 잘 부탁드립니다.

스즈키씨는 학생인가요?

스즈키 : 네, 그렇습니다.

다나카씨도 학생이에요?

다나카 : 네, 저도 학생입니다.

스즈키 : 사토씨도 학생이에요?

다나카 : 아니오, 사토씨는 학생이 아닙니다.

단어

私(わたし) 저, 나 / 学生(がくせい) 학생 / です 입니다 / 田中(たなか) 다나카(일본인의 성) / 佐藤(さとう) 사토(일본인의 성) / はじめまして 처음 뵙겠습니다 / 鈴木(すずき) 스즈키(일본인의 성) / よろしく 잘 / お願(ねが)いします 부탁합니다 / こちら 이쪽 / こそ ~야 말로 / どうぞ 부디 / はい 예, 네 / そうです 그렇습니다 / いいえ 아니오

문형연습

1. 私は 学生です。

☞ 여기에서의 「は」는 「은, 는」에 해당하는 조사로 사용된 것이다. 「は」가 조사로 사용될 경우에는 [ha]로 읽지 않고 [wa]로 읽는다. 「です」는 가장 기본적인 명사문을 만드는 조동사로 「입니다」에 해당하는 공손한 문장을 만든다. 일본어는 문장을 끝낼 때 「。」를 쓰게 되어 있다.

① 私(わたし)は 田中(たなか)です。

② 私は キムです。

③ 私は 学生(がくせい)です。

2. 学生ですか。

☞ 「か」는 의문을 나타내는 종조사이다. 「ですか」는 가장 기본적인 명사의문문으로 「です」에 의문종조사 「か」만 붙이면 「입니까?」에 해당하는 의문문이 된다. 아래의 예문에서 「先生(せんせい)」는 「선생」으로 보이지만, 일본어에서는 이 단어 자체가 높임말이므로 「선생님」으로 번역한다.

① 学生(がくせい)ですか。

② 田中先生(せんせい)ですか。

③ キムさんですか。

3. 学生ではありません。(=学生じゃありません)

☞ 기본적인 명사부정문으로 「~이 아닙니다」에 해당한다. 대화문에서는 많은 경우에 「じゃありません」이라는 대화체 형식으로 변형된다.

① 私は 先生(せんせい)ではありません。

② 彼(かれ)は 学生じゃありません。

③ 彼女(かのじょ)は 先生じゃありません。

4. 私も 学生です。

☞ 「も」는 「~도」에 해당하는 조사이다. 한국어와 쓰임새가 거의 비슷하므로 특별히 어렵지는 않다.

① 田中さんも 学生です。

② 鈴木さんも 学生ですか。

③ 彼女も 大学生(だいがくせい)です。

5. はい、そうです。

☞ 「はい」는 「예」에 해당하는 가장 기본적이고 공손한 응답사이다. 한편, 「いいえ」는 「아니오」에 해당한다.

① はい、そうです。

② はい、私も 学生です。

③ いいえ、彼は 医者(いしゃ)じゃありません。

단어

キム 김(한국인의 성) / 先生(せんせい) 선생님 / 彼(かれ) 그(사람) / 彼女(かのじょ) 그녀 / 大学生(だいがくせい) 대학생 / 医者(いしゃ) 의사

연습문제

1. 다음 한자의 히라가나 표기가 바른 것을 찾으시오.

(1) 学生
① かくせい　② がくせえ　③ がくせい　④ がっせい

(2) 先生
① せんせい　② せんせえ　③ せむせい　④ せんさい

(3) 彼女
① かのじょう　② かのじょ　③ かのぞう　④ かのぞ

2. 다음에 있는 한국어를 일본어로 표현해 봅시다.

(1) はじめまして。田中です。

잘 부탁합니다. (=　　　　　　　　　　)

(2) 田中さんは 学生ですか。

예, 그렇습니다. (=　　　　　　　　　　)

(3) 彼は 大学生ですか。

아니오, 그는 대학생이 아닙니다. (=　　　　　　　　　　)

Note

일본의 한자

일본어를 공부하는데 있어서 한자 학습은 빼놓을 수 없다. 일본에는 상용한자 2136자가 있는데, 그 중에 교육한자가 1006자 포함되어 있다. 교육한자는 가장 기본적인 한자로 초등학교의 각 학년에 배당되어 있다. 일본에서는 초등학교 1학년 때부터 한자교육을 실시하고 있는 것이다.

본 교재에서는 초등학교 1학년에 배성된 80자를 10자씩 나누어 싣도록 한다. 한자에 친숙해지도록 하기 위함이다. 초등학교 한자라고 하여 너무 쉽게 봐서는 안 된다. 또한 너무 부담이 될 경우에는 반드시 지금 다 암기하지 않아도 된다. 시각적으로 참고만 하고 본인의 사정에 맞춰서 익힐 수 있도록 하면 된다.

한자는 먼저 일본한자를 제시하고 그 밑에 한국어의 뜻과 음을 제시한다. 그 옆에 일본어의 음과 훈을 실었다. 상용한자표에 실린 방식대로 음은 가타카나로, 훈은 히라가나로 싣고, 예시에는 알기 쉽게 전부 히라가나로 읽기를 달아두었다. 음과 훈이 여러 개일 경우에는 대표적인 것만 실었다.

일본어를 공부하면서 일본한자를 더불어 익혀두면, 나중에 한국어에 있어서도 많은 도움이 될 것이다. 한국에서 쓰는 한자와 많은 부분 형태가 같기 때문이다. 따라서 일본어의 음훈과 더불어 한국어의 뜻과 음을 동시에 알아두면 여러 가지로 좋다.

한자 1–1

한자	음과 훈	예 시
一 한 일	イチ ひと(つ)	一年(いちねん) 일 년 一(ひと)つ　하나
右 오른 우	ウ, ユウ みぎ	右折(うせつ) 우회전, 左右(さゆう) 좌우 右(みぎ) 오른쪽
雨 비 우	ウ あめ	雨期(うき) 우기, 雨量(うりょう) 우량 雨(あめ) 비, 大雨(おおあめ) 큰비
円 둥글 원	エン まる(い)	円(えん) 엔(일본 화폐 단위) 円(まる)い 둥글다
王 임금 왕	オウ	国王(こくおう) 국왕
音 소리 음	オン おと	音楽(おんがく) 음악, 発音(はつおん) 발음 音(おと) 소리, 足音(あしおと) 발소리
下 아래 하	カ した	下流(かりゅう) 하류, 地下(ちか) 지하 下(した) 아래
火 불 화	カ ひ	火山(かざん) 화산, 火曜日(かようび) 화요일 火(ひ) 불
花 꽃 화	カ はな	開花(かいか) 개화 花(はな) 꽃, 花見(はなみ) 꽃놀이
貝 조개 패	かい	貝(かい) 조개

これは なんですか

6과

【히메지성 (姫路城)】

효고현 히메지시에 있는 일본을 대표하는 아름다운 성이다. 세계문화유산에 등록 되어 있다.

학습목표

지시사 これ, それ, あれ, どれ

의문사 何(なん, なに)

소요격조사 の

기본문형

これは 何(なん)ですか。(이것은 무엇입니까?)

それは 本(ほん)です。(그것은 책입니다)

あれも あなたの 本ですか。(저것도 당신의 책입니까?)

Main Sentence

高橋(たかはし)：田中(たなか)さん、これは 何(なん)ですか。

田中：それは 私(わたし)の 本(ほん)です。

高橋：そうですか。

それじゃ、あれは 何(なん)ですか。

田中：あれは 鈴木(すずき)さんの ノートです。

高橋：それも 鈴木(すずき)さんの ノートですか。

田中：いいえ、これは 私(わたし)の ノートです。

高橋：その かばんも 田中(たなか)さんの かばんですか。

田中：はい、そうです。

これは 私の かばんです。

高橋：鈴木さんの かばんは どんな 色(いろ)ですか。

田中：鈴木さんの かばんは だいだい色(いろ)です。

◆ 본문해석

다카하시 : 다나카씨, 이것은 무엇입니까?

다나카 : 그것은 제 책입니다.

다카하시 : 그래요? 그럼, 저것은 무엇입니까?

다나카 : 저것은 스즈키씨의 노트입니다.

다카하시 : 그것도 스즈키씨의 노트인가요?

다나카 : 아뇨, 이것은 제 노트입니다.

다카하시 : 그 가방도 다나카씨의 가방입니까?

다나카 : 예, 그렇습니다. 이것은 제 가방입니다.

다카하시 : 스즈키씨의 가방은 어떤 색입니까?

다나카 : 스즈키씨의 가방은 주황색입니다.

단어

これ 이것 / 何(なん, なに) 무슨, 무엇 / それ 그것 / あれ 저것 / どれ 어느 것 / の ~의(소유격조사) / 本(ほん) 책 / あなた 당신 / それじゃ(=それでは) 그러면 / ノー ト 노트, 공책 / かばん 가방 / どんな 어떤 / 色(いろ) 색, 색깔 / だいだい色(だいだいいろ) 주황색

문형연습

1. これは 何ですか。

☞「これ」는「이것」에 해당하는 지시대명사로 화자 쪽에 가까운 것을 가리킨다.

① これは 私の 家(いえ)です。

② これは 私の 学校(がっこう)です。

③ これは 子供(こども)の 時(とき)の 小学校(しょうがっこう)です。

2. それは 本です。

☞「それ」는「그것」에 해당하는 지시대명사로 청자 쪽에 가까운 것을 가리킨다.

① それは 日本語(にほんご)の テキストです。

② それは あなたの 鉛筆(えんぴつ)ですか。

③ それは 田中君(たなかくん)の オートバイです。

3. あれも 本ですか。

☞「あれ」는「저것」에 해당하는 말로 화자와 청자 양쪽에서 멀리 떨어져 있는 것을 가리킨다.

① あれは 百合(ゆり)の 花(はな)です。

② あれは 市役所(しやくしょ)の 建物(たてもの)です。

③ あれは 富士山(ふじさん)です。

4. どれが ゆりの花ですか。

☞「どれ」는「어느 것」에 해당하는 의문사로 질문할 때 사용한다.「が」는 주격조사「이, 가」에 해당한다.

① どれが 吉田(よしだ)さんの 携帯(けいたい)ですか。

② どれが あなたの 花瓶(かびん)ですか。

③ どれが 私の サンドイッチですか。

5. それは 私の 本です。

☞ 「の」는 「~의」에 해당하는 소유격조사로 빈번하게 사용된다. 특히, 명사와 명사를 연결할 때는, 그 명사가 한 단어화되어 있지 않는 한 「の」를 사용하는 것이 원칙이다. 한국어에서처럼 많이 생략되지 않으므로 주의를 요한다.

① これは 私の コンピューターです。

② それは 川辺(かわべ)さんの 弁当(べんとう)です。

③ あれは 市役所(しやくしょ)の ビルです。

6. これは 何ですか。

☞ 「何」은 「무엇」에 해당하는 의문사인데, 「なん」 또는 「なに」라고 읽는다. 어떤 말하고 연결되느냐에 따라 읽기가 달라지므로 문맥을 통해 익히도록 한다.

① これは 何(なん)の 本(ほん)ですか。

② あなたの 好物(こうぶつ)は 何(なん)ですか。

③ たんぽぽは 何色(なにいろ)ですか。

단어

家(いえ,うち) 집 / 学校(がっこう) 학교 / 子供(こども) 아이 / 時(とき) 때 / 小学校(しょうがっこう) 초등학교 / 日本語(にほんご) 일본어 / テキスト 텍스트, 교재 / 鉛筆(えんぴつ) 연필 / 君(くん) 군 / オートバイ 오토바이 / 百合(ゆり) 백합 / 花(はな) 꽃 / 市役所(しやくしょ) 시청 / 建物(たてもの) 건물 / 富士山(ふじさん) 후지산(3776m) / 吉田(よしだ) 요시다(일본인의 성) / 携帯(けいたい) 휴대, 휴대폰 / 花瓶(かびん) 꽃병 / サンドイッチ 샌드위치 / コンピューター 컴퓨터 / 川辺(かわべ) 가와베(일본인의 성) / 弁当(べんとう) 도시락 / ビル 빌딩(building) / 好物(こうぶつ) 좋아하는 음식 / たんぽぽ 민들레 / 何色(なにいろ) 무슨 색

◆ 지시사 (指示詞)

	근칭	중칭	원칭	부정칭	
사물	これ 이것	それ 그것	あれ 저것	どれ 어느 것	
장소	ここ 여기	そこ 거기	あそこ 저기	どこ 어디	
방향	こちら 이쪽	そちら 그쪽	あちら 저쪽	どちら 어느 쪽	
지시	この 이	その 그	あの 저	どの 어느	
사람	この人 이사람 このかた 이분	その人 그사람 そのかた 그분	あの人 저사람 あのかた 저분	どの人 누구 どのかた 어느 분	だれ 누구 どなた 어느 분

일본어의 지시사(指示詞)는 한국어의 지시사와 기본적으로 그 용법이 비슷하다. 그러나 조금 더 일본어를 공부하다 보면 한국어와의 용법 차이를 찾을 수 있다. 「あ」 계통의 지시사는 본래 우리말의 「저」 계통에 속하지만, 실제 사용에서 「그」 계통의 지시사로 쓰이는 경우가 있는 것이다. 특히, 화자와 청자가 내용을 서로 알고 있는 것을 말할 때는 한국어로 「그」 계통으로 말하는 경우에도 일본어로는 「あ」 계통의 지시사를 사용한다. 나중에 예문을 통해서 익힐 수 있게 된다.

연습문제

1. 다음 한자의 히라가나 표기가 바른 것을 찾으세요.

(1) 学校
① がっこう　② がくこう　③ かっこう　④ かくこう

(2) 子供
① ごども　② ごとも　③ こども　④ こども

(3) 鉛筆
① えむぴつ　② えんぴつ　③ えむびつ　④ えんびつ

2. 다음의 대화에 맞게 (　) 안에 적당한 표현을 넣으세요.

(1) 鈴木 : それは 田中さんの 鉛筆ですか。
田中 : はい、(이것은 :　　　　) 私の 鉛筆です。

(2) 鈴木 : これは 何の 本ですか。
田中 : あ、それは (일본어 책 :　　　　　　　　) です。

(3) 鈴木 : あれは 何の 建物ですか。
田中 : (　　　　) は　市役所の 建物です。

あれは いくらですか

7과

【히나마쓰리 (雛祭り)】

여자 아이가 건강하게 성장하기를 기원하는 여자 어린이날로 3월 3일에 인형을 장식하는 행사를 한다.

학습목표

숫자표현
시간표현
가격표현

기본문형

今(いま) 何時(なんじ)ですか。(지금 몇 시입니까?)
3時(さんじ)です。(세시입니다)
これは いくらですか。(이것은 얼마입니까?)

Main Sentence

田中(たなか)：鈴木(すずき)さん、今(いま) 何時(なんじ)ですか。

鈴木：今 3時(さんじ)です。

田中：この 店(みせ)は 何時まででですか。

鈴木：多分(たぶん)、6時(ろくじ)まででです。

田中：そうですか。

この たこやきは いくらですか。

鈴木：300円(さんびゃくえん)ですね。

たこやきは 大阪(おおさか)の 名物(めいぶつ)ですよ。

田中：そうですか。

あれは いくらですか。

店員(てんいん)：あれは 500円(ごひゃくえん)です。

田中：では、あれを ください。

店員：はい、ありがとうございます。

◆ 본문해석

다나카 : 스즈키씨, 지금 몇 시입니까?

스즈키 : 지금 세시입니다.

다나카 : 이 가게는 몇 시까지예요?

스즈키 : 아마, 여섯시까지입니다.

다나카 : 그래요?

이 다코야키는 얼마예요?

스즈기 : 300엔이네요.

다코야키는 오사카의 명물이에요.

다나카 : 그래요?

저것은 얼마예요?

점원 : 저것은 500엔입니다.

다나카 : 그럼, 저것을 주세요.

점원 : 네, 감사합니다.

단어

いくら 얼마 / 今(いま) 지금 / ~時(じ) ~시 / 何時(なんじ) 몇 시 / 店(みせ) 가게 / まで 까지 / 多分(たぶん) 아마 / たこやき 다코야키(음식 이름) / 円(えん) 엔 / 大阪(おおさか) 오사카 / 名物(めいぶつ) 명물 / では 그러면 / ください 주세요 / ありがとうございます 감사합니다

문형연습

1. 今 何時ですか。

☞ 「何時(なんじ)」는 시간을 물을 때 사용하는 표현이다. 「なん」과 「なに」라는 두 가지 읽기가 있는 「何」은 시간을 나타내는 「時(じ)」와 연결될 때는 「なん」으로 읽는다.

① 今 何時ですか。

② 授業(じゅぎょう)は 何時からですか。

③ テストは 何時までですか。

2. 3時です。

◆ 한자식 숫자읽기 1 <1에서 20까지>

1	2	3	4	5
いち	に	さん	**し, よん, よ**	ご
6	7	8	9	10
ろく	**しち, なな**	はち	**く, きゅう**	じゅう

11：じゅういち　12：じゅうに　13：じゅうさん
14：じゅうし(じゅうよん)　15：じゅうご　16：じゅうろく
17：じゅうしち(じゅうなな)　18：じゅうはち　19：じゅうく(じゅうきゅう)
20：にじゅう

◆ 시간

1時	2時	3時	4時	5時	6時
いちじ	にじ	さんじ	**よじ**	ごじ	ろくじ
7時	8時	9時	10時	11時	12時
しちじ	はちじ	**くじ**	じゅうじ	じゅういちじ	じゅうにじ

① 今 4時です。

② 授業(じゅぎょう)は 7時からです。

③ テストは 9時までです。

3. いくらですか。

☞ 가격을 묻는 표현이다. 실제 회화에서는「いくら(얼마)」앞에 공손한 접두사「お」를 덧붙여서「おいくらですか」라고 묻는 경우가 많다.

① この たこやきは いくらですか。

② その かばんは おいくらですか。

③ あの ノートは いくらですか。

4. 300円です。

① これは 300円(さんびゃくえん)です。

② その ネクタイは 1000円(せんえん)です。

③ あの ボールペンは 100円(ひゃくえん)です。

◆ 한자식 숫자읽기 2 <10의 배수>

10	20	30	40	50
じゅう	にじゅう	さんじゅう	よんじゅう (しじゅう)	ごじゅう
60	70	80	90	100
ろくじゅう	ななじゅう (しちじゅう)	はちじゅう	きゅうじゅう	ひゃく

◆ 1000이상의 숫자

100	ひゃく	(百)
1,000	せん	(千)
10,000	いちまん	(一万)
100,000	じゅうまん	(十万)
1,000,000	ひゃくまん	(百万)
10,000,000	いっせんまん	(一千万)
100,000,000	いちおく	(一億)

단어

授業(じゅぎょう) 수업 / から 부터 / テスト 테스트 / かばん 가방 / ノート 노트 / ネクタイ 넥타이 / ボールペン 볼펜 / 十(じゅう) 십 / 百(ひゃく) 백 / 千(せん) 천 / 万(まん) 만 / 億(おく) 억

연습문제

1. 주어진 숫자를 히라가나로 써서 다음 질문에 대답하시오.

(1) いま、何時ですか。(11時)

〈　　　　　　　　　　　　　　　　　　　　　　　　〉

(2) この みせは 何時までですか。(9時)

〈　　　　　　　　　　　　　　　　　　　　　　　　〉

(3) この たこやきは いくらですか。(350円)

〈　　　　　　　　　　　　　　　　　　　　　　　　〉

2. 다음의 한국어에 해당하는 일본어를 쓰시오.

(1) 시험은 몇 시까지입니까?

〈　　　　　　　　　　　　　　　　　　　　　　　　〉

(2) 그 가방은 얼마예요?

〈　　　　　　　　　　　　　　　　　　　　　　　　〉

(3) 그 넥타이는 1000엔입니다。

〈　　　　　　　　　　　　　　　　　　　　　　　　〉

Note

한자 1-2

한자	음과 훈	예 시
学 배울 학	ガク まな(ぶ)	学習(がくしゅう) 학습, 大学(だいがく) 대학 学(まな)ぶ 배우다
気 기운 기	キ	気温(きおん) 기온, 人気(にんき) 인기
九 아홉 구	キュウ, ク ここの(つ)	九人(きゅうにん) 아홉 명, 九時(くじ) 아홉 시 九(ここの)つ 아홉 개
休 쉴 휴	キュウ やす(む)	休学(きゅうがく) 휴학, 休日(きゅうじつ) 휴일 休(やす)む 쉬다
玉 구슬 옥	ギョク たま	玉石(ぎょくせき) 옥석 玉(たま)ねぎ 양파, 水玉(みずたま) 물방울
金 쇠 금	キン かね	金庫(きんこ) 금고, 金曜日(きんようび) 금요일 お金(かね) 돈
空 빌 공	クウ そら	空気(くうき) 공기, 空港(くうこう) 공항 空(そら) 하늘
月 달 월	ゲツ, ガツ つき	月末(げつまつ) 월말, 三月(さんがつ) 3월 月(つき) 달
犬 개 견	ケン いぬ	忠犬(ちゅうけん) 충견, 愛犬(あいけん) 애견 犬(いぬ) 개
見 볼 견	ケン み(る)	見学(けんがく) 견학, 意見(いけん) 의견 見(み)る 보다

しろい はなです

8과

【도쿄 (東京)】

일본 제1의 도시 도쿄는 일본의 수도로 정치, 경제, 사회, 문화 등 모든 면에서 중심적인 위치에 있다.

학습목표

イ형용사문

イ형용사의 연체수식형

형식명사 の

기본문형

百合(ゆり)は 白(しろ)いです。(백합은 하얗습니다)

あそこに 赤(あか)い 花(はな)が あります。(저기에 빨간 꽃이 있습니다)

それは 私のです。(그것은 제 것입니다)

Main Sentence

田中 : この花は 白いですね。この花の 名前は 何ですか。

吉田 : それは 百合の花ですよ。

田中 : そうですか。あれは 何の花ですか。

吉田 : どれですか。

田中 : あの赤い色の花です。

吉田 : あ、あれは チューリップです。

田中 : そうですか。桜の花も 赤いですか。

吉田 : いいえ、桜の花は赤くありません。白に 近いですね。

田中 : そうですか。ところで、この花瓶は吉田さんのですか。

吉田 : はい、その花瓶は 私のです。

田中 : この黒いかばんは 誰のですか。

吉田 : それは 金さんのです。
その黄色い 帽子も 金さんのです。

◆ 본문해석

다나카 : 이 꽃은 하얗군요. 이 꽃의 이름은 무엇입니까?

요시다 : 그것은 백합꽃이에요.

다나카 : 그래요? 저것은 무슨 꽃인가요?

요시다 : 어느 것 말예요?

다나카 : 저 빨간 색깔의 꽃이요.

요시다 : 아, 저것은 튤립입니다.

다나카 : 그래요? 벚꽃도 빨갛습니까?

요시다 : 아뇨, 벚꽃은 빨갛지 않습니다. 흰색에 가깝지요.

다나카 : 그런가요? 그런데, 이 꽃병은 요시다씨의 것인가요?

요시다 : 네, 그 꽃병은 제 것입니다.

다나카 : 이 검은 가방은 누구의 것입니까?

요시다 : 그것은 김씨의 것입니다.
그 노란 모자도 김씨 것이에요.

단어

白(しろ)い 하얗다 / 花(はな) 꽃 / 百合(ゆり) 백합 / 赤(あか)い 빨갛다 / の ~의 것 (형식명사) / 名前(なまえ) 이름 / 色(いろ) 색깔 / チューリップ 튤립 / 桜(さくら) 벚꽃, 벚나무 / 近(ちか)い 가깝다 / ところで 그런데 / 花瓶(かびん) 꽃병 / 黒(くろ)い 검다 / 誰(だれ) 누구 / 黄色(きいろ)い 노랗다 / 帽子(ぼうし) 모자

문형연습

1. 白い花です。

☞ 형용사에는 い형용사와 な형용사라는 2종류가 있다. い형용사의 기본 형태는「형용사어간+형용사어미(い)」이며, な형용사의 기본 형태는「형용사어간+형용사어미(だ)」이다. 형용사어간이란 형용사의 뜻을 나타내는 부분이고, 형용사어미는 형용사의 문법적 기능을 나타내는 부분이다. い형용사가 명사를 수식할 때는 い형용사의 기본형에 명사를 연결하면 된다.

① この 高(たか)い服(ふく)は 私のです。
② その 白い花(はな)は ゆりの花です。
③ れんぎょうは きいろい花です。

2. この花は 白いです。

☞ い형용사에「です」가 연결될 때는「い형용사 기본형+です」의 형태로 공손한 문장을 만든다.

① さくらの花は 白いです。
② チューリップは 赤(あか)いですか。
③ 田中さんのかばんは 赤いですか、青いですか。

3. れんぎょうは 白くありません。

☞ い형용사의 공손한 부정형은「い형용사어간~く＋ありません」이 되며「~지 않습니다」라는 뜻이다.

① 高橋さんのかばんは 白くありません。
② 私の服(ふく)は 赤くありません。

③ この部屋(へや)は あまり 明(あか)るくありません。

4. それは 金(キム)さんのです

☞ 여기에서의 「の」는 명사에 붙어서 「~의 것」의 의미로 쓰이는 형식명사이다. い 형용사에는 기본형에 연결된다.

① その青い 花瓶(かびん)は 中村(なかむら)さんのです。

② その花は どなたのですか。

③ それは 川口(かわぐち)さんのですか、小山(こやま)さんのですか。

④ この 赤いのは チューリップです。

⑤ 渡辺(わたなべ)さんの花瓶は あの 青いのですか。

⑥ あの 白いのは ゆりです。

단어

高(たか)い 비싸다 / 服(ふく) 옷 / れんぎょう 개나리 / 青(あお)い 파랗다 / 部屋(へや) 방 / 明(あか)るい 밝다 / どなた 어느 분

⊙ 기본적인 イ형용사 30

あおい	青い	파랗다	きいろい	黄色い	노랗다
あかい	赤い	빨갛다	きたない	汚い	더럽다
あたらしい	新しい	새롭다	くらい	暗い	어둡다
あつい	暑い	덥다	くろい	黒い	검다
あまい	甘い	달다	さむい	寒い	춥다
いい	良い	좋다	しろい	白い	하얗다
いたい	痛い	아프다	たかい	高い	높다, 비싸다
うるさい		시끄럽다	たのしい	楽しい	즐겁다
おいしい	美味しい	맛있다	ちかい	近い	가깝다
おおい	多い	많다	つよい	強い	강하다
おもい	重い	무겁다	ない	無い	없다
おもしろい	面白い	재미있다	ながい	長い	길다
からい	辛い	맵다	ひろい	広い	넓다
かるい	軽い	가볍다	むずかしい	難しい	어렵다
かわいい	可愛い	귀엽다	やすい	安い	싸다

⦿ 꽃 이름

* 대부분의 단어에 한자 표기가 있지만 쉬운 한자만 표기하였다. 가나로만 되어 있는 명칭은 일반적으로는 가나만 알고 있어도 되기 때문이다. 다음의 꽃 이름을 지금 다 암기할 필요는 없다. 참고로 제시한 것이다.

* 「バラ」(장미)는 외래어가 아니지만 가타카나로 쓰는 경우가 많다. 이와 같이 꽃 이름이나 식물, 동물 이름과 같은 경우는 외래어가 아니더라도 가타카나로 표기하는 경우가 허다하다.

うめ	梅	매화
つつじ		진달래, 철쭉
れんぎょう		개나리
さくら	桜	벚꽃
たんぽぽ		민들레
バラ		장미
ゆり	百合	백합
あさがお	朝顔	나팔꽃
ひまわり		해바라기
チューリップ		튤립
ぼたん	牡丹	모란
コスモス		코스모스

연습문제

1. 다음 질문에 적당한 대답을 만드시오.

(1) 百合の 花の 何色ですか。

< >

(2) 桜の 花は 赤いですか。

< >

(3) あの 服は 金さんのですか。

< >

2. 다음의 한국어에 해당하는 일본어를 쓰시오.

(1) 이것은 하얗지 않습니다.

< >

(2) 그 꽃은 어느 분의 것입니까?

< >

(3) 그 하얀 것은 백합입니다.

< >

9과

しずかな ところですね

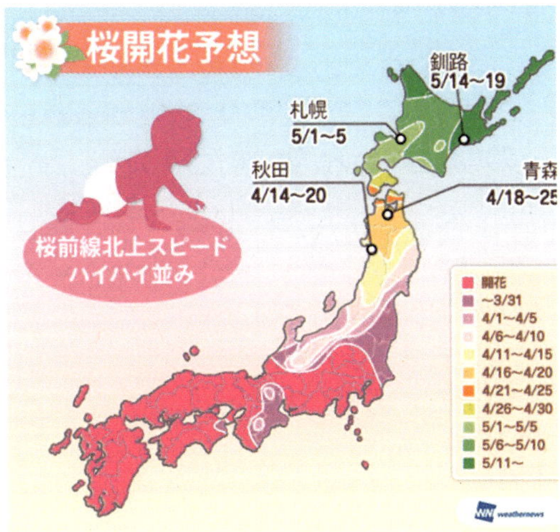

【하나미 (花見)】

하나미는 꽃놀이를 뜻하는데, 벚꽃놀이 시즌이 되면 장마전선처럼 벚꽃전선이 발표될 만큼 일본 선국에서 꽃놀이가 성황이나.

학습목표

연체사

ナ형용사문

ナ형용사의 연체수식형

기본문형

どんな 家(いえ)ですか。(어떤 집이에요?)

この家は 立派(りっぱ)ですね。(이 집은 훌륭하군요)

静(しず)かな ところですね。(조용한 곳이네요)

Main Sentence

金(キム)　: これが 私(わたし)の 家(いえ)です。

中村(なかむら) : 立派(りっぱ)な 家ですね。

金　: 中村(なかむら)さんの 家は どんな 家ですか。

中村 : 私(わたし)の 家は 小(ちい)さな アパートです。

金　: どんな 色の アパートですか。

中村 : きいろい 屋根(やね)の アパートです。

金　: そうですか。

伊藤(いとう)さんの家は どんな 家ですか。

中村 : 伊藤さんの家は 大(おお)きい マンションです。

青い 色の 立派な 建物(たてもの)です。

金　: ああ、そうですか。

中村 : ところで、ここは 静(しず)かな ところですね。

金　: ええ、ここは とても 静(しず)かです。

◆ 본문해석

김　　　: 이것이 저의 집입니다.

나카무라 : 훌륭한 집이네요.

김　　　: 나카무라씨의 집은 어떤 집이에요?

나카무라 : 저의 집은 작은 아파트예요.

김　　　: 어떤 색깔의 아파트예요?

나카무라 : 노란 지붕의 아파트입니다.

김　　　: 그래요? 이토씨의 집은 어떤 집이에요?

나카무라 : 이토씨의 집은 큰 맨션이에요.
파란 색깔의 훌륭한 건물입니다.

김　　　: 아아, 그래요?

나카무라 : 그런데, 여기는 조용한 곳이군요.

김　　　: 네, 여기는 아주 조용합니다.

단어

静(しず)かだ 조용하다 / ところ 곳, 장소 / どんな 어떠한, 어떤 / 家(いえ) 집 (「うち」라고 읽는 경우도 있다) / 立派(りっぱ)だ 훌륭하다 / アパート 아파트(＝apartment house) / きいろい 노랗다 / 屋根(やね) 지붕 / 大(おお)きい 크다 / マンション 맨션(＝mansion) / 建物(たてもの) 건물 / ところで 그런데 / ここ 여기 / ええ 예, 네 / とても 아주, 매우

문형연습

1. どんな 家ですか。

☞ 「どんな(어떤)」는 「こんな(이런), そんな(그런), あんな(저런)」와 같이 지시사의 역할을 하는 것 중의 하나이지만, 이와 같은 용어는 항상 같은 형태로 명사를 수식할 때만 사용한다. 이와 같은 것을 일본어에서는 「연체사」라고 하는데 한국어의 관형사와 흡사한 기능으로 생각하면 된다.

① 中村さんの学校は どんな 建物(たてもの)ですか。

② ユンさんの家は どんな 家ですか。

③ ゆりの 花も こんな 色ですか。

④ キムさんの かばんも そんな 色です。

⑤ 彼の 部屋(へや)も あんな 形(かたち)です。

☞ 「この(이), その(그), あの(저), どの(어느)」도 같은 계통으로 항상 명사만 수식하는 연체사이다.

① この花は たんぽぽです。

② その本は 誰のですか。

③ あの先生は どなたですか。

④ どの人が 金さんですか。

⑤ あの人が 金さんです

2. きれいな 花です。

☞ な형용사는 기본형이 「な형용사어간+だ」이다. 예를 들면 「りっぱだ(훌륭하다)」에서 「りっぱ」가 어간이고 「だ」가 어미이다. 그러나 사전에는 어간만 실려 있다. な형용사에는 한자어가 많은데, 한자어로 된 な형용사는 그 자체가 명사로도 사용되는 경우가 흔하기 때문이다. 그러나 な형용사를 암기할 때는 어미를 붙여서 기본형으로 암기하는 것이 좋다. 예를 들면 「安全(あんぜん)だ(안전하다)」와 같은 식으로 이해를 해 두는 것이 여러 가지로 유리하다. な형용사에 명사가 연결될 때는 어미가 「な」로 바뀌어 「~な+명사」가 된다.

① これは すてきな かばんですね。

② つつじは きれいな 花です。

③ あれは りっぱな 建物(たてもの)ですね。

3. ここは とても しずかです。

☞ な형용사에 「です」가 연결될 때는 「な형용사어간+です」 가 되어 공손한 문말 표현을 만든다.

① ゆりは 真(ま)っ白(しろ)です。

② たんぽぽは きれいです。

③ この町は にぎやかですね。

4. ここは にぎやかではありません。

☞ な형용사의 공손한 부정형은 「な형용사어간+ではありません」이다. 「ではありません」은 대화체에서는 「じゃありません」이 되는 경우가 많다.

① ここは あまり しずかではありません。

② この花は あまり きれいじゃありませんね。

③ この町は にぎやかではありません。

5. きいろい屋根のアパートです。

☞ 명사가 명사를 수식할 때는 명사와 명사 사이에 조사 「の」를 넣는다. 참고로 일본어에서 「アパート」라고 하면 주로 전통적인 목조 건물을 가리키고, 「マンション」이라고 하면 철근 콘크리트 건물을 가리킨다. 따라서 「マンション」이 한국어의 「아파트」와 비슷한 개념이다.

① 金さんの子供(こども)さんは 女の子です。

② ユンさんの家は 青い屋根(やね)の家です。

③ それは ゆりの花ですか。

④ あれは 学校(がっこう)の建物(たてもの)です。

⑤ これは 子供(こども)のおもちゃですね。

단어

ゆり(百合) 백합 / たんぽぽ 민들레 / 先生(せんせい) 선생님 / どなた 어느 분 / すてきだ 멋있다 / つつじ 진달래 / 真(ま)っ白(しろ)だ 새하얗다 / きれいだ 예쁘다, 깨끗하다 / 町(まち) 동네, 도시 / にぎやかだ 번화하다 / 子供(こども) 아이 / 女(おんな)の子(こ) 여자아이 / 学校(がっこう) 학교 / おもちゃ 장난감

⊙ 기본적인 ナ형용사 15

あんぜんだ	安全だ	안전하다
いやだ	嫌だ	싫다
きらいだ	嫌いだ	싫어하다
きれいだ	綺麗だ	예쁘다
げんきだ	元気だ	건강하다
しずかだ	静かだ	조용하다
じゅうぶんだ	十分だ	충분하다
じょうずだ	上手だ	잘하다
じょうぶだ	丈夫だ	튼튼하다
すきだ	好きだ	좋아하다
だいじょうぶだ	大丈夫だ	괜찮다
だいすきだ	大好きだ	매우 좋아하다
たいへんだ	大変だ	대단하다, 힘들다
にぎやかだ	賑やかだ	번화하다
べんりだ	便利だ	편리하다

연습문제

1. 다음 (　) 안의 한국어에 해당하는 일본어를 적으시오.

(1) 中村さんの 家は (어떤 :　　　　　　　　) 家ですか。

(2) 私の 家は (작은 :　　　　　　　　) アパートです。

(3) 伊藤さんの アパートも (그런 :　　　　　　　　) アパートです。

(4) 伊藤さんの 家は (훌륭한 :　　　　　　　　) 建物です。

(5) ここは とても (조용합니다 :　　　　　　　　)。

2. 다음 밑줄 친 단어의 읽기를 (　) 안에 히라가나로 쓰시오.

(1) ここは 静(　　　　)かな ところですね。

(2) その 本は 誰(　　　　) のですか。

(3) あの 先生(　　　　)は どなたですか。

(4) ユンさんの 家は 青い 屋根(　　　　)の 家です。

(5) あれは 学校(　　　　)の 建物です。

ざっしを よみます

10과

【요코하마 (横浜)】

일본 제2의 도시인 요코하마의 차이나타운(横浜中華街). 일본 제2의 도시는 일반적으로 오사카로 알려져 있으나 인구 순서에서 요코하마가 두 번째이다.

학습목표

동사문

동사의 종류와 활용

기본문형

私は 雑誌(ざっし)を 読(よ)みます。(나는 잡지를 읽습니다)

新聞(しんぶん)は 読みません。(신문은 읽지 않습니다)

日本(にほん)の 音楽(おんがく)も 聞(き)きますか。(일본 음악도 듣습니까?)

Main Sentence

朴　：鈴木さんは 雑誌を 読みますか。

鈴木：いいえ、雑誌は 読みません。

しかし、新聞は 読みます。

朴さんは どんな 雑誌を 読みますか。

朴　：私は 日本語ジャーナルを 読みます。

鈴木さんは 日本語ジャーナルも 読みませんか。

鈴木：はい、日本語ジャーナルも 読みません。

朴さんは 日本の 新聞を どう 思いますか。

朴　：そうですね。

日本の 新聞は ちょっと 難しいですね。

ところで、鈴木さんは 日本の 音楽を 聞きますか。

鈴木：もちろん、日本の 音楽も 聞きます。

朴　：日本の 音楽は たいへん いいですね。

そう 思いませんか。

鈴木：そうですね。私も そう 思います。

◆ 본문해석

박　　: 스즈키씨는 잡지를 읽습니까?

스즈키 : 아뇨, 잡지는 읽지 않습니다.

그러나, 신문은 읽습니다.

박씨는 어떤 잡지를 읽습니까?

박　　: 저는 일본어저널을 읽습니다.

스즈키씨는 일본어저널도 읽지 않습니까?

스즈키 : 네, 일본어저널도 읽지 않습니다.

박씨는 일본의 신문을 어떻게 생각하세요?

박　　: 글쎄요. 일본 신문은 좀 어려워요.

그런데, 스즈키씨는 일본 음악을 듣나요?

스즈키 : 물론, 일본 음악도 듣습니다.

박　　: 일본 음악은 참 좋지요. 그렇게 생각하지 않나요?

스즈키 : 그렇죠? 저도 그렇게 생각합니다.

(참고 : 한국어로 「김씨」「박씨」하면 참 듣기가 거북하지만, 일본어는 주로 상대방의 성에 「さん」을 붙여서 부르거나 지칭하는 것이 일반적이기 때문에 그대로 번역하였다. 모르는 이름을 억지로 갖다 붙일 수는 없기 때문이다)

단어

雑誌(ざっし) 잡지 / 読(よ)む 읽다 / 新聞(しんぶん) 신문 / 音楽(おんがく) 음악 / いいえ 아니오 / しかし 그러나 / 日本語(にほんご) 일본어 / ジャーナル 저널 / もちろん 물론 / も ~도 / どう 어떻게 / そうですね 그렇지요, 글쎄요 / ちょっと 조금 / 難(むずか)しい 어렵다 / 聞(き)く 듣다, 묻다 / たいへん 매우, 대단히 / いい 좋다 / そう 그렇게 / 思(おも)う 생각하다

문형연습

⊙ 동사의 종류 ⊙

☞ 현대 일본어의 모든 동사는 「ウ단」으로 끝난다. 동사의 경우도 의미를 나타내는 어간과 문법적 기능을 담당하는 어미 부분으로 되어 있다. 동사는 몇 가지의 종류로 나눌 수 있는데, 일본의 학교문법에서는 5종류로 나누고, 일본어교육에서는 주로 3종류로 분류한다. 그 세 가지는 어미변화 형태에 따라 다음과 같이 나뉜다.

종류	형 태	예
1류동사	① る로 끝나지 않는 것	① 行(い)く [iku], 飛(と)ぶ [tobu] 話(はな)す [hanasu]
	② る로 끝나면서 바로 앞의 모음이 /a, u, o/인 것. 즉 イ단이나 エ단이 아닌 것.	② 泊(とま)る [tomaru] 売(う)る [uru] 香(かお)る [kaoru]
	③ る로 끝나고 る 바로 앞의 모음이 /i, e/ 즉 イ단이나 エ단인 것 중에서 예외적으로 취급되는 동사	③ 入(はい)る [hairu] 帰(かえ)る [kaeru] 参(まい)る [mairu] 走(はし)る [hashiru]
2류동사	る로 끝나면서 바로 앞의 모음이 /i, e/ 즉 イ단이나 エ단인 것	見(み)る [miru] 食(た)べる [taberu]
3류동사	어미변화가 불규칙한 것	来(く)る [kuru] する [suru]

⊙ 동사의「ます형」⊙

☞ 동사에 조동사「ます」,「ません」이 연결될 때는 동사의 형태가 바뀌며,「~ㅂ니다」,「~지 않습니다」라는 공손한 형태를 나타낸다. 이와 같은 어미의 변화를「활용」이라고 하며, 동사의 종류에 따라 다른 형태로 나타나는데,「ます」의 경우 동사의 형태 변화는 다음과 같다.

1류동사 : 어미 ウ단을 イ단으로 바꾸고「ます」를 붙인다.

行く [iku] + ます [masu] → **行き**ます [ikimasu]
香る [kaoru] + ます [masu] → 香ります [kaorimasu]

2류동사 : 어미 る를 없애고「ます」를 붙인다.

見る [miru] + ます [masu] → **見**ます [mimasu]
食べる [taberu] + ます [masu] → **食べ**ます [tabemasu]

3류동사 : 형태가 불규칙하게 변한다.

する [suru] + ます [masu] → **し**ます [shimasu]
くる [kuru] + ます [masu] → **き**ます [kimasu]

1. 雑誌を読みます。

① あなたは どんな 新聞を 読みますか。
② 河村(かわむら)さんは テレビを 見ますか。
③ 吉田(よしだ)さんは 明日 来ますか。

2. こう · そう · ああ · どう

① あなたは 日本の 新聞を どう 思いますか。

② 長崎(ながさき)さんは 英語の 雑誌を どう 思いますか。

③ 彼(かれ)も そう 思いますか。

3. 新聞は 読みます。

① あなたは 英語の 雑誌(ざっし)は 読みますか。

② 彼女(かのじょ)は ノンノは 読みます。

③ 小栗(おぐり)さんは 昼ごはんは 食べますか。

4. 新聞も 読みます。

① あなたは 英語の 雑誌も 読みますか。

② 小田(おだ)さんは フランス語も 話します。

③ 田中さんは 韓国の新聞も 読みますか。

5. はい、読みません。(はい＋부정 대답、いいえ＋긍정 대답)

☞ 한국어와 마찬가지로 상대방의 부정 질문에 대하여 「はい、~ません(예, ~지 않습니다)」「いいえ、~ます(아니오, ~습니다)」로 대답한다.

① あなたは 先生ではありませんか。

はい、私は 先生ではありません。

② これは 彼の写真ではありませんか。

はい、それは 彼の写真ではありません。

③ 彼女の専攻は 日本語学ではありませんか。

いいえ、彼女の専攻は 日本語学ですよ。

6. ちょっと 難しいですね。

① あの人は 親切ですね。

② あなたは 日本語が 上手ですね。

③ この本は やさしいですね。

7. 音楽は たいへん いいですね。

① 英語は たいへん 難しいですね。

② 彼女は たいへん やさしいですね。

③ さくらは たいへん きれいな花です。

단어

行(い)く 가다 / 飛(と)ぶ 날다 / 話(はな)す 말하다 / 泊(とま)る 묵다 / 売(う)る 팔다 / 香(かお)る 향기 나다 / 入(はい)る 들어가다 / 帰(かえ)る 돌아가다, 돌아오다 / 参(まい)る <가다, 오다>의 겸양어 / 走(はし)る 달리다 / 見(み)る 보다 / 食(た)べる 먹다 / 来(く)る 오다 / する 하다 / 彼(かれ) 그, 그이 / 英語(えいご) 영어 / 彼女(かのじょ) 그녀, 여자친구 / フランス語(ご) 프랑스어 / 写真(しゃしん) 사진 / 専攻(せんこう) 전공 / やさしい 쉽다, 자상하다

연습문제

1. 주어진 동사를 활용하여 (　) 안에 쓰시오.

(1) 鈴木さんは雑誌を(　　　　　)ますか。(読む)

(2) 佐藤さんは日本の新聞をどう(　　　　　)ますか。(思う)

(3) 私は日本の音楽も(　　　　　)ます。(聞く)

(4) 私は朝ごはんは(　　　　　)ません。(食べる)

(5) 明日、彼女も(　　　　　)ます。(来る)

2. 다음 질문에 적당한 대답을 만드시오.

(1) A : あなたは新聞を読みますか。
B : はい、私は新聞を(　　　　　　　　　　　　　)。

(2) A : あなたは先生ではありませんか。
B : はい、私は(　　　　　　　　　　　　　　　　)。

(3) A : 彼女の専攻はドイツ文学ではありませんか。
B : いいえ、彼女の専攻は(　　　　　　　　　　　)。

Note

【日本のなぞなぞ 1】(일본의 수수께끼 1)

(1) 座(すわ)れば 高(たか)くなり、立(た)てば 低(ひく)くなる ものは 何(なん)だ。
(앉으면 높아지고 서면 낮아지는 것이 뭐~게?)

(2) 白(しろ)い 着物(きもの)を 着(き)て、真(ま)っ赤(か)な 顔(かお)をして、涙(なみだ) 流(なが)しているものは 何(なに)?
(하얀 옷을 입고 새빨간 얼굴을 하고서 눈물을 흘리고 있는 것은 뭔데?)

(3) 大(おお)きくなればなるほど 小(ちい)さくなる ものって 何(なん)だろう。
(크면 클수록 작아지는 것은 뭘까?)

(4) 大(おお)きくなればなるほど 着物(きもの)を 脱(ぬ)ぐものは 何(なに)?
(크면 클수록 옷을 벗는 것은 뭐지?)

(5) 目(め)で 見(み)ないで 口(くち)で 見(み)るものが あるんだけど。
(눈으로 보지 않고 입으로 보는 것이 있는데?)

정답

(1) 天井(てんじょう)(천장) / (2) ろうそく(촛불) / (3) 服(ふく)(옷) / (4) たけのこ(죽순) / (5) 味(あじ)(맛)

한자 1-3

한자	음과 훈	예 시
五 다섯 오	ゴ いつ(つ)	五時(ごじ) 다섯 시 五(いつ)つ 다섯 개
口 입 구	コウ くち	口頭(こうとう) 구두, 人口(じんこう) 인구 口(くち) 입, 入口(いりぐち) 입구
校 학교 교	コウ	校長(こうちょう) 교장, 学校(がっこう) 학교
左 왼 좌	サ ひだり	左折(させつ) 좌회전 左(ひだり) 왼쪽, 左手(ひだりて) 왼손
三 석 삼	サン みっ(つ)	三人(さんにん) 세 명, 三枚(さんまい) 세 장 三(みっ)つ 세 개
山 메 산	サン やま	富士山(ふじさん) 후지산 山(やま) 산
子 아들 자	シ こ	調子(ちょうし) 상태, お菓子(かし) 과자 女(おんな)の子(こ) 여자아이
四 넉 사	シ よっ(つ)	四月(しがつ) 4월 四(よっ)つ 네 개
糸 실 사	シ いと	綿糸(めんし) 면사 糸(いと) 실, 毛糸(けいと) 털실
字 글자 자	ジ	文字(もじ) 문자, 漢字(かんじ) 한자

ほんしゅうに　あります

11과

【고이노보리 (鯉のぼり)】

5월 5일은 어린이날이다. 그러나 실제로는 남자 어린이날이라고 할 수 있다. 이날은 등용문의 고사에 근거한 잉어깃발인 고이노보리를 장식한다.

학습목표

존재문 ある, あります

존재문 いる, います

고유숫자 익히기

기본문형

東京(とうきょう)は 本州(ほんしゅう)に あります。(도쿄는 혼슈에 있습니다)

家族(かぞく)は 東京(とうきょう)に います。(가족은 도쿄에 있습니다)

島(しま)が いくつ ありますか。(섬이 몇 개 있나요?)

Main Sentence

朴　：高橋さん、日本の 首都は どこですか。

高橋：東京が 日本の 首都です。

朴　：日本に 島は いくつ ありますか。

高橋：日本には 島が いっぱい あります。
　　　一番 大きいのは 北海道、本州、四国、九州の 四つです。
　　　東京は 本州に あります。

朴　：そうですか。東京で 有名な ものは 何ですか。

高橋：有名な ものが たくさん あります。
　　　まずは、東京タワーが ありますね。
　　　最近は 東京スカイツリーも 有名です。

朴　：高橋さんの 家族は 東京に いますか。

高橋：はい、私の 家族は 東京に います。
　　　家には 犬も います。

朴　：そうですか。いいですね。

◆ 본문해석

박 : 다카하시씨, 일본의 수도는 어디입니까?

다카하시 : 도쿄가 일본의 수도입니다.

박 : 일본에 섬은 몇 개나 있어요?

다카하시 : 일본에는 섬이 많이 있습니다.

가장 큰 것은 홋카이도, 혼슈, 시코쿠, 규슈의 네 개입니다.

도쿄는 혼슈에 있습니다.

박 : 그래요? 도쿄에서 유명한 것은 무엇이에요?

다카하시 : 유명한 것이 많이 있습니다.

먼저, 도쿄타워가 있지요.

최근에는 도쿄스카이트리도 유명합니다.

박 : 다카하시씨의 가족은 도쿄에 있나요?

다카하시 : 네, 제 가족은 도쿄에 있어요. 집에는 개도 있지요.

박 : 그래요? 좋겠네요.

단어

本州(ほんしゅう) 혼슈 / ある 있다 / いる 있다 / 東京(とうきょう) 도쿄 / 家族(かぞく) 가족 / 島(しま) 섬 / 首都(しゅと) 수도 / いっぱい 가득, 많이 / 一番(いちばん) 가장 / 北海道(ほっかいどう) 홋카이도 / 四国(しこく) 시코쿠 / 九州(きゅうしゅう) 규슈 / 有名(ゆうめい)だ 유명하다 / たくさん 많이 / 東京タワー 도쿄타워 / 最近(さいきん) 최근 / 東京スカイツリー 도쿄스카이트리 / 家族(かぞく) 가족

문형연습

1. 金さんの 家は どこですか。

① 新しい アパートは どこですか。

② すみません、東京スカイツリーは どこですか。

③ あなたの 故郷(ふるさと)は どこですか。

◆ 존재표현

☞ 「있다」에 해당하는 일본어는 「ある」와 「いる」라는 두 가지 종류가 있다. 「ある」는 무생물이나 식물의 존재를 나타내는 동사이고, 「いる」는 살아 움직이는 생물의 존재를 나타내는 동사이다. 그리고 각각의 공손한 표현이 「あります(있습니다)」 「います(있습니다)」이다.

2. あそこに 東京スカイツリーが あります。

① 高橋さんの 本は どこに ありますか。

② あなたの 辞書(じしょ)は 机(つくえ)の上に あります。

③ あそこに 英語の 新聞が ありますね。

◆ 고유숫자

하나	둘	셋	넷	다섯
ひとつ (一つ)	ふたつ (二つ)	みっつ (三つ)	よっつ (四つ)	いつつ (五つ)
여섯	일곱	여덟	아홉	열
むっつ (六つ)	ななつ (七つ)	やっつ (八つ)	ここのつ (九つ)	とお (十)

· 몇 개 : いくつ (幾つ)

☞ 현대어에서 기본적으로 사용되는 고유숫자는 이 열 개가 전부이다. 따라서 열한 개부터는 한자숫자를 사용한다. 원래는 「백(もも), 천(ち), 만(よろず)」 등에 해당하는 고유숫자가 있었으나 지금은 일반적인 숫자로는 사용하지 않고 다른 숙어와 접속한 형태로 남아 있는 경우는 있다. 예를 들면 「치바현(千葉県)」은 「ちばけん」이라고 읽는다.

3. 島が いくつ ありますか。

① ソウルには 大学が いくつ ありますか。

② あそこに 大きい 建物が 三(みっ)つ あります。

③ ここに りんごが いつつ あります。

4. 家族は 東京に います。

① 彼女は アメリカに いますか。

② 日本には ノーベル賞(しょう)を もらった 人が たくさん います。

③ この教室(きょうしつ)には 学生が たくさん います。

5. 動物園(どうぶつえん)に 象(ぞう)が います。

① 動物園に キリンが います。

② 彼女(かのじょ)の家に かわいい ワンちゃんが います。

③ クジラは 海(うみ)に います。

단어

故郷(ふるさと) 고향, 「こきょう」라고도 읽음 / 辞書(じしょ) 사전 / 机(つくえ) 책상 / ソウル 서울 / りんご 사과 / アメリカ 미국 / ノーベル賞(しょう) 노벨상 / 動物園(どうぶつえん) 동물원 / 象(ぞう) 코끼리 / キリン 기린 / かわいい 귀엽다 / ワンちゃん 강아지 / クジラ 고래 / 海(うみ) 바다

◇ 인칭 ◇

인칭 \ 수	단 수	복 수
1인칭	私(わたし) 나, 저 私(わたくし) 저 僕(ぼく) 나	わたしたち 우리들 わたくしたち 저희들 僕(ぼく)たち 우리들
2인칭	あなた 당신 あんた 당신 君(きみ) 너, 자네	あなたたち 당신들 あんたたち 당신들 君(きみ)たち 자네들
3인칭	彼(かれ) 그 彼女(かのじょ) 그녀 この人(ひと) 이 사람 その人(ひと) 그 사람 あの人(ひと) 저 사람 この方(かた) 이 분 その方(かた) 그 분 あの方(かた) 저 분	彼(かれ)たち 그들 彼女(かのじょ)たち 그녀들 この人(ひと)たち 이 사람들 その人(ひと)たち 그 사람들 あの人(ひと)たち 저 사람들 この方(かた)たち 이 분들 その方(かた)たち 그 분들 あの方(かた)たち 저 분들
부정칭	だれ 누구 どなた 어느 분	だれだれ 누구누구 どの方々(かたがた) 어느 분들

연습문제

1. 다음 질문에 대답하시오.

(1) 韓国の 首都は どこですか。

< >

(2) 東京は どこに ありますか。

< >

(3) 東京で 有名なものは 何ですか。

< >

(4) 北京(ペキン)は どこに ありますか。

< >

(5) あなたの 家族は どこに いますか。

< >

2. 괄호 안의 한국어에 해당하는 숫자를 히라가나로 쓰시오.

(1) ここに 花瓶(かびん)が (두 개 :) あります。

(2) 日本には 島が (몇 개 :) ありますか。

(3) ここに りんごが (다섯 개 :) あります。

あんないしてくれます

12과

【오사카 (大阪)】

현재는 인구 기준으로 제3의 도시인데 전통적으로 도쿄 다음으로 큰 도시로 알려져 있다. 관서지방을 대표하는 도시이다.

학습목표

동사의 음편현상
부정문 ない

기본문형

京都の地図(ちず) 持っていますか。(교토의 지도 가지고 있나요?)
ガイドが 案内(あんない)してくれます。(가이드가 안내해 줍니다)
神社(じんじゃ)ではないです。(신사가 아닙니다)

Main Sentence

韓国人 : すみません、京都(きょうと)の地図(ちず) 持っていますか。

日本人 : はい、持っていますよ。

韓国人 : ちょっと 見せてください。

ここから 金閣寺(きんかくじ)までは 遠(とお)いですか。

日本人 : いいえ。そんなに 遠(とお)くありません。

観光(かんこう)バスも ありますし、市(し)バスも あります。

韓国人 : 市バスは 安(やす)くて、観光バスは 高(たか)いですね。

日本人 : でも、観光バスは ガイドが 案内してくれるので、

とても 便利ですよ。

韓国人 : そうですか。ところで、金閣寺(きんかくじ)は 神社(じんじゃ)ですか。

日本人 : いいえ、神社ではないです。金閣寺は お寺(てら)です。

韓国人 : そうですか。どうも ありがとうございました。

日本人 : どういたしまして。

◆ 본문해석

한국인 : 미안합니다, 교토의 지도 가지고 있나요?

일본인 : 네, 가지고 있습니다.

한국인 : 좀 보여주세요.

여기에서 금각사까지는 멀어요?

일본인 : 아니오. 그렇게 멀지 않습니다.

관광버스도 있고, 시내버스도 있어요.

한국인 : 시내버스는 싸고, 관광버스는 비싸군요.

일본인 : 하지만 관광버스는 가이드가 안내해 주기 때문에 아주 편리하지요.

한국인 : 그래요? 그런데, 금각사는 신사예요?

일본인 : 아뇨, 신사가 아니에요. 금각사는 절이에요.

한국인 : 그렇군요. 대단히 감사합니다.

일본인 : 천만에요.

단어

案内(あんない)する 안내하다 / 京都(きょうと) 교토 / 地図(ちず) 지도 / 持(も)つ 가지다 / ガイド 가이드 / 神社(じんじゃ) 신사 / 金閣寺(きんかくじ) 금각사 / 遠(とお)い 멀다 / そんなに 그렇게 / 観光(かんこう) 관광 / バス 버스 / 市(し) 시 / 安(やす)い 싸다 / 高(たか)い 비싸다 / 便利(べんり)だ 편리하다 / ところで 그런데 / お寺(てら) 절 / どういたしまして 천만에요

문형연습

1. ここから 遠いですか。

① 金さんの車(くるま)は 高いですか。

② ここから駅までは 近いですか。

③ 市バスの料金は 安いですか。

2. 英語は 難しくて、中国語は やさしいです。

☞ い형용사에 「て」가 연결되면, い형용사의 어미 「い」가 「く」로 바뀌어 「~くて(~하고)」라는 중지법이 된다. な형용사의 경우는 어미 「~だ」가 「~で」로 바뀐다.

① アメリカは 大きくて、韓国は 小(ちい)さいですね。

② さくらの花は 白くて、つつじの花は 赤いです。

③ ポルトガル語は 難しくて、スペイン語は やさしいですね。

3. ここは静かで、あそこはうるさいです。

① 大阪は にぎやかで、京都は 静(しず)かです。

② ここは 不便で、あそこは 便利です。

③ ラーメンは好きで、ご飯はきらいです。

◆ 동사의 「て형」(음편현상)

☞ 동사에 「て」가 연결되어 「~하고, ~해서」와 같이 중지법으로 사용되는 경우가 많다. 이 때, 동사의 종류에 따라서 어미의 형태가 바뀌는데 이와 같은 현상을 음편현상이라고 한다. 동사의 음편현상은 1류동사에서만 발생한다. 「て형」이라고도 하는 이 음편현상은 과거형 「た」와 병렬조사 「たり」에서도 똑같이 발생하므로 같이 알아두면 편리하다.

종류	방법	예
1류동사	동사의 기본형이 う·つ·る로 끝날 경우 → って	かう+て → かって たつ+て → たって うる+て → うって
	동사의 기본형이 ぬ·ぶ·む로 끝날 경우 → んで	しぬ+て → しんで とぶ+て → とんで よむ+て → よんで
	동사의 기본형이 く로 끝날 경우 → いて	かく+て → かいて
	동사의 기본형이 ぐ로 끝날 경우 → いで	かぐ+て → かいで
	동사의 기본형이 す로 끝날 경우 → して	さす+て → さして
2류동사	동사의 ます형 + て	みる+て→みて たべる+て→たべて
3류동사	어미변화가 불규칙하다	する+て→して くる+て→きて

☞ 2류동사와 3류동사는 ます형과 동일하기 때문에 음편현상이 없다. 또한, 1류동사 중에서 동사의 기본형이 「す」로 끝나는 동사는 음편현상이 발생하지 않고, 1류동사의 行く는 예외로 行く+て→行って 가 된다.

4. ガイドが 案内してくれます。

① 大阪は 商店街(しょうてんがい)が たくさん あって、お寺も たくさん あります。

② 朝は ジュースを 飲んで、昼は コーヒーを 飲みます。

③ 土曜日(どようび)は 映画(えいが)を 見て、日曜日(にちようび)は ジムに 行きます。

◆ 요일 표현

일요일	월요일	화요일	수요일	목요일	금요일	토요일
日曜日	月曜日	火曜日	水曜日	木曜日	金曜日	土曜日
にちようび	げつようび	かようび	すいようび	もくようび	きんようび	どようび

5. ここは 学校ではなくて、市役所(しやくしょ)です。

① あれは ゴリラではなくて、オランウータンですね。

② ここは 教室ではなくて、事務室(じむしつ)です。

③ ここは 静かじゃなくて、うるさいです。

◆ 부정형 (ない형)

☞ 명사, い형용사, な형용사, 동사에 「ない」가 연결될 때는 부정을 나타내며, 각각의 형태 변화는 다음과 같다.

● 명사 : 단정의 조동사 「だ」를 「ではない」로 바꾼다.

本だ + ない → 本ではない

● い형용사 : 어미 「い」를 「くない」로 바꾼다.

安い + ない → 安くない

● な형용사 : 어미 「だ」를 「ではない」로 바꾼다.

にぎやかだ + ない → にぎやかではない

● 동사

○ 1류동사 : 어미 「ウ단」을 「ア단」으로 바꾸고 「ない」를 붙인다.

読む [yomu] + ない [nai] → 読まない [yomanai]

○ 2류동사 : 어미 「る」를 없애고 「ない」를 붙인다.

見る [miru] + ない [nai] → 見ない [minai]

○ 3류동사 : 어미변화가 불규칙하다.

する [suru] + ない [nai] → しない [shinai]

くる [kuru] + ない [nai] → 来ない [konai]

☞ 위의 각 변화형에 조동사 「です」를 붙이면 공손한 문말표현이 된다. 또한 이것은 「ます」의 부정형인 「ません」형으로 만들어서 표현할 수도 있다.

① これは 日本語の 本ではないです。(=本ではありません)

② この 時計は 安くないです。(=やすくありません)

③ ワシントンは にぎやかではないです。(=にぎやかではありません)

④ 私は 雑誌は 読まないです。(=よみません)

⑤ 彼は ドラマを 見ないです。(=見ません)

⑥ 彼女は 何も しないですね。(=しませんね)

⑦ 田中さんは 今日も 来(こ)ないですね。(=来(き)ませんね)

단어

車(くるま) 자동차 / 料金(りょうきん) 요금 / 英語(えいご) 영어 / 難(むずか)しい 어렵다 / 中国語(ちゅうごくご) 중국어 / やさしい 쉽다 / つつじ 진달래 / ポルトガル語(ご) 포르투갈어 / スペイン語(ご) 스페인어 / うるさい 시끄럽다 / 静(しず)かだ 조용하다 / 不便(ふべん)だ 불편하다 / ラーメン 라면 / ご飯(はん) 밥 / 商店街(しょうてんがい) 상점가 / 映画(えいが)영화 / ジム 체육관 / 市役所(しやくしょ) 시청 / 教室(きょうしつ) 교실 / 事務室(じむしつ) 사무실 / 時計(とけい) 시계 / ドラマ 드라마

연습문제

1. 주어진 단어를 사용하여 문장을 완성하시오.

(1) 本屋さんで 本を(　　　　　　　　　　)て、帰ります。(買う)

(2) 夜は 2時間ぐらい 本を(　　　　　　)で、寝ます。(読む)

(3) 彼女が 私に 手紙を(　　　　　　　　)てくれました。(書く)

(4) 朝は ジュースを(　　　　　　　　　　)で、夜は ご飯を 食べます。(飲む)

(5) 明日は 5時に(　　　　　　　　　　　)てください。(来る)

2. 주어진 단어를 사용하여 부정문을 완성하시오.

(1) この 服は(　　　　　　　　　　)ないです。(安い)

(2) ここは(　　　　　　　　　　)ないです。(にぎやかだ)

(3) 私は 新聞を(　　　　　　　　)ないです。(読む)

(4) 私は テレビは あまり(　　　　　　　)ないです。(見る)

(5) 彼は ゲームは ほとんど(　　　　　　)ない人です。(する)

Note

【日本のなぞなぞ 2】(일본의 수수께끼 2)

(6) 昼間 小さく、夜 大きくなる ものって 分かるかな。

(낮에는 작고 밤에 커지는 것이 뭘까요?)

(7) 上から 読んでも 下から 読んでも 同じ 名前の お店 なあに？

(위로부터 읽어도 아래로부터 읽어도 같은 이름의 가게가 뭐~게?)

(8) さかだちすると かるくなる 海の いきものって なあに？

(물구나무를 서면 가벼워지는 바다의 생물은 무엇일까요?)

(9) よごれた からだから 出る 色は なにいろ？

(더러워진 몸에서 나오는 색깔은 무슨 색?)

(10) 足で のぼって おしりで おりる ものって なあに？

(발로 올라가서 엉덩이로 내려오는 것이 뭐~게?)

정답

(6) ふとん(이불) / (7) やおや(야채가게) / (8) いるか(돌고래 : 뒤에서 읽으면「かるい(가볍다)」) / (9) あか (빨강 :「あか」는「때」라는 뜻도 있다) / (10) すべりだい(미끄럼틀)

たのしかったです

13과

【이츠쿠시마신사 (厳島神社)】

히로시마현에 있는 세계문화유산으로 바다 위에 떠 있는 형상의 입구가 유명하다. 일본 3대 절경의 하나이다.

학습목표

명사의 과거형
동사의 과거형
형용사의 과거형

기본문형

静岡は 静かな 町でした。(시즈오카는 조용한 도시였습니다)
子供の頃は そこに いました。(어렸을 적에는 거기에 있었습니다)
たいへん 楽しかったです。(아주 재미있었습니다)

Main Sentence

田中：鈴木さんは 兄弟が いますか。

鈴木：はい、姉と 妹 が います。

田中：ご両親は どこに いますか。

鈴木：父と 母は 今 静岡に います。

田中：鈴木さんも 子供の時は 静岡に いましたか。

鈴木：はい、私も 子供の頃は そこに いました。

田中：そこは どんな 所でしたか。

鈴木：静岡は 静かな 町でした。
広い公園が たくさんあって、たいへん楽しかったです。

田中：今も静かですか。にぎやかな 所になりましたか。

鈴木：今も 静かで、美しい 町です。
いつ行っても自然の空気がさわやかで、落ち着きます。
私は 東京も 好きですが、静岡も とても 好きです。

◆ 본문해석

다나카 : 스즈키씨는 형제가 있습니까?

스즈키 : 네, 누나와 여동생이 있습니다.

다나카 : 부모님은 어디에 있어요?

스즈키 : 아빠와 엄마는 지금 시즈오카에 있어요.

다나카 : 스즈키씨도 어렸을 때는 시즈오카에 있었어요?

스즈키 : 네, 저도 어렸을 적에는 거기에 있었어요.

다나카 : 거기는 어떤 곳이었어요?

스즈키 : 시즈오카는 조용한 도시였습니다.

넓은 공원이 많이 있어서, 아주 재미있었어요.

다나카 : 지금도 조용한가요? 번화한 곳이 되었나요?

스즈키 : 지금도 조용하고 아름다운 도시예요.

언제 가도 자연의 공기가 상쾌하여 안정이 됩니다.

저는 도쿄도 좋아합니다만, 시즈오카도 아주 좋아합니다.

단어

楽(たの)しい 즐겁다 / 静岡(しずおか) 시즈오카(지명) / 町(まち) 동네, 도시 / たいへん 매우, 대단히 / 兄弟(きょうだい) 형제 / 姉(あね) 누나, 언니(겸양어) / 妹(いもうと) 여동생 / 両親(りょうしん) 부모 / 父(ちち) 아빠(겸양어) / 母(はは) 엄마(겸양어) / 所(ところ) 곳, 장소 / たくさん 많이 / 公園(こうえん) 공원 / にぎやかだ 번화하다 / 美(うつく)しい 아름답다 / 自然(しぜん) 자연 / 空気(くうき) 공기 / さわやかだ 상쾌하다 / 落(お)ち着(つ)く 안정이 되다 / 好(す)きだ 좋아하다

문형연습

1. 姉と妹が います。

☞ 「と」는 「~와, ~과」라는 뜻의 병렬을 나타내는 접속조사이다. 「と」로 표현되는 것은 그것이 전부라는 느낌이 강하다. 비슷한 표현에 「や」가 있다. 이것도 「~와, ~과」로 번역되는 경우가 많은데, 「~랑」으로 번역되는 경우도 있다. 즉 「や」는 표현되는 것 이외에도 더 있을 수 있다는 의미가 내포되어 있어 「など(~등)」와 같이 사용되는 경우가 많다.

① 田中さんと 金さんは 教室に います。

② あそこに 本とノートが あります。

③ 人参(にんじん)となすは 野菜です。

④ 筆箱(ふでばこ)の中には ペンや鉛筆(えんぴつ)などが あります。

⑤ 田中さんや金さんは パーティーに来ると思います。

⑥ 動物園(どうぶつえん)には キリンやライオンなどが います。

2. 静岡は 静かな町でした。

① ここは 昔は 学校でした。

② その花は ゆりでした。

③ これは おもしろい小説(しょうせつ)でした。

3. 空気が さわやかでした。

① 学生の頃から 彼女が好きでした。

② 小学生の時は 人参がきらいでした。

③ 美子(よしこ)さんは とても元気でした。

<명사와 な형용사의 과거형, 과거부정형>

	명사	な형용사
명사수식형	私の 本	好きな 人
현재긍정형	私の 本です。	彼女が 好きです。
과거긍정형	私の 本でした。	彼女が 好きでした。
현재부정형	私の 本ではありません。	彼女が 好きではありません。
과거부정형	私の本ではありませんでした。	彼女が好きではありませんでした。

4. 子供の時は 静岡に いました。

☞ 활용어의 과거를 나타낼 때는 조동사 「た」를 사용한다. 이것이 동사에 활용될 때는 동사의 종류에 따라서 앞 과에서 설명한 음편현상이 「て형」과 똑같은 조건하에서 발생한다. 여기에서는 대표적으로 「ます」의 과거형 「ました」의 예를 들어둔다.

① 私は 毎日(まいにち) 日本語を 勉強(べんきょう)しました。

② 田中さんは 中学生(ちゅうがくせい)の時に アメリカに 行きました。

③ 朝は ご飯と みそしると のりを 食べました。

<「ます」의 활용형>

현재긍정형	과거긍정형
行きます 見ます します	行きました 見ました しました
현재부정형	**과거부정형**
行きません 見ません しません	行きませんでした 見ませんでした しませんでした

5. たいへん 楽しかったです。

☞ い형용사의 과거형은 어미 「い」가 「かった」로 바뀐다. 즉, 「楽しい(즐겁다)」가 「楽しかった(즐거웠다)」로 바뀌는 것이다. 한편, い형용사의 공손한 과거형은 기본형의 과거형에 「です」만 붙여주면 된다. 즉, 「楽しかった(즐거웠다)」가 「楽しかったです(즐거웠습니다)」로 된다. 또한, い형용사의 공손한 과거 부정형은 어미 「い」를 「く」로 바꾸고 「ありませんでした」를 쓰는 방법과 「なかったです」를 쓰는 두 가지 방법이 있다.

① 中間(ちゅうかん)テストは やさしかったです。
② 地下鉄(ちかてつ)の料金(りょうきん)は 安くありませんでした。
③ 地下鉄の料金は 高(たか)くなかったです。

＜い형용사의 과거형＞

	い형용사
명사 수식형	楽しい　旅行です。
현재 긍정형	旅行は　楽しいです。
과거 긍정형	旅行は　楽しかったです。
현재 부정형	旅行は　楽しくありません。 旅行は　楽しくないです。
과거 부정형	旅行は　楽しくありませんでした。 旅行は　楽しくなかったです。

6. ご両親は どこに いますか。

☞ 일본어로 가족을 말할 때는 남의 가족은 높여서 표현하고 자기 가족은 낮춰서 겸손하게 표현한다. 한국어는 자기를 겸양하는 표현 이외에는 발달이 안 되어 있어서 일본어로 자기 이외의 가족을 겸양하는 표현이 익숙하지 않을 수도 있지만 일본어를 활용하는 데에 있어서는 중요한 포인트이니 잘 익혀둘 필요가 있다. 또한, 「부모님은 어디에 계십니까?」로 하는 것이 맞겠지만 「계시다」가 어려

우니 지금으로서는 「있다」를 기본으로 썼다.

① お兄さんは 卒業(そつぎょう)しましたか。

② お子さんは 小学校(しょうがっこう)に 入りましたか。

③ 父と母は 今 静岡にいます。

단어

人参(にんじん) 당근 / なす 가지 / 筆箱(ふでばこ) 필통 / 鉛筆(えんぴつ) 연필 / 小説(しょうせつ) 소설 / 勉強(べんきょう)する 공부하다 / みそしる 된장국 / のり 김 / 中間(ちゅうかん) 중간 / やさしい 쉽다, 자상하다 / 地下鉄(ちかてつ) 지하철 / 料金(りょうきん) 요금 / 安(やす)い 싸다 / 高(たか)い 비싸다

◇ 친족 관계 ◇

구분 / 호칭	자기 가족을 남에게 말할 때	남의 가족을 높여 말할 때
할아버지 할머니	祖父 祖母	おじいさん / おじいさま おばあさん / おばあさま
아버지 어머니 부모	父 母 両親	お父さん / お父様 お母さん / お母様 ご両親
남편 아내	夫 / 主人 妻 / 家内	御主人 奥さん / 奥様
형·오빠 언니·누나 남동생 여동생	兄 姉 弟 妹	お兄さん / お兄様 お姉さん / お姉様 弟さん 妹さん
아들 딸 아이	息子 娘 子供	息子さん 娘さん / お嬢さん / お嬢様 子供さん / お子さん / お子様
손자	孫	お孫さん
백부/숙부 백모/숙모	伯父 / 叔父 伯母 / 叔母	おじさん / おじさま おばさん / おばさま

연습문제

1. 주어진 표현을 사용하여 명사와 な형용사의 과거형을 만드시오.

(1) 田中さんは 去年は 高校の____________________。(生徒です)

(2) 田中さんの 部屋は____________________。(きれいです)

(3) これは おもしろい____________________。(本ではありません)

(4) 私は 彼女が____________________。(好きではありません)

(5) 私は あの人が____________________。(好きです)

2. 주어진 표현을 사용하여 동사와 い형용사의 과거형을 만드시오.

(1) 私は 毎日 日本語を____________________。(勉強します)

(2) 彼は アパートに____________________。(いません)

(3) このテストは____________________。(やさしいです)

(4) それは____________________。(やすくありません)

(5) それは____________________。(やすくないです)

Note

한자 1–4

한자	음과 훈	예시
耳 귀 이	ジ みみ	耳目(じもく) 이목 耳(みみ) 귀, 初耳(はつみみ) 처음 들음
七 일곱 칠	シチ なな	七時(しちじ) 일곱 시, 七月(しちがつ) 7월 七(なな)つ 일곱 개
車 수레 차	シャ くるま	自動車(じどうしゃ) 자동차 車(くるま) 자동차
手 손 수	シュ て	歌手(かしゅ) 가수 手(て) 손, 手紙(てがみ) 편지
十 열 십	ジュウ とお	十名(じゅうめい) 열 명, 十月(じゅうがつ) 10월 十(とお) 열, 十日(とおか) 10일
出 날 출	シュツ で(る)	出席(しゅっせき) 출석 出(で)る 나가다
女 여자 녀	ジョ おんな	女性(じょせい) 여성 女(おんな) 여자, 女(おんな)の人(ひと) 여자
小 작을 소	ショウ ちい(さい)	小学生(しょうがくせい) 초등학생 小(ちい)さい 작다
上 윗 상	ジョウ うえ	上手(じょうず)だ 잘하다 上(うえ) 위, 上着(うわぎ) 상의
森 수풀 삼	シン もり	森林(しんりん) 삼림 森(もり) 숲

14과

どこか でかけませんか

【도다이지 (東大寺)】

나라현에 있는 관광지로 15미터에 이르는 실내 대불상이 있다. 주변에 있는 사슴 공원이 유명하다.

학습목표

권유형

조수사 사용법

기본문형

どこか 出(で)かけませんか。(어딘가 나가지 않을래요?)

そうしましょう。(그럽시다)

上野公園(うえのこうえん)は どうですか。(우에노공원은 어떻습니까?)

Main Sentence

小島(こじま) : 森田(もりた)さん、明日(あした) どこか 出(で)かけませんか。

森田 : そうですね。そうしましょう。

小島 : どこが いいでしょうか。

森田 : 上野公園(うえのこうえん)は どうですか。

小島 : そこも いいけど、せっかくだから 鎌倉(かまくら)まで 行ってみませんか。

森田 : 鎌倉(かまくら)には 何(なに)か いい ところが ありますか。

小島 : いろいろ ありますけど、大仏(だいぶつ)が 一番(いちばん)でしょう。

私(わたし)、観光地図(かんこうちず)を 一枚(いちまい) 持(も)っています。

森田 : 他(ほか)に 何か 必要(ひつよう)なもの、ありますか。

小島 : 特(とく)には ないと 思(おも)います。

飲み物は 私が 二つ 準備(じゅんび)します。

森田 : そうですか。いろいろ、ありがとうございます。

明日 何時(なんじ)ごろ 会いましょうか。

小島 : そうですね。朝(あさ)9時に どうですか。

森田 : いいですね。じゃ、明日(あした)の朝、駅の前で会いましょう。

小島 : そうしましょう。じゃ、また明日。

森田 : 失礼(しつれい)します。

◆ 본문해석

고지마 : 모리타씨, 내일 어딘가 가지 않을래요?

모리타 : 그래요. 그렇게 합시다.

고지마 : 어디가 좋을까요.

모리타 : 우에노공원은 어떻습니까?

고지마 : 거기도 좋지만, 모처럼이니까 가마쿠라까지 가보지 않을래요?

모리타 : 가마쿠라에는 뭔가 좋은 곳이 있나요?

고지마 : 여러 가지 있지만 대불이 가장 좋겠지요.

저, 관광지도를 한 장 가지고 있습니다.

모리타 : 그 밖에 뭔가 필요한 것이 있나요?

고지마 : 특별히는 없을 거예요.

마실 것은 제가 두 개 준비할게요.

모리타 : 그래요? 여러 가지로 고맙습니다.

내일 몇 시쯤에 만날까요?

고지마 : 글쎄요. 아침 9시에 어떻습니까?

모리타 : 좋네요. 그럼, 내일 아침에 역 앞에서 만납시다.

고지마 : 그렇게 합시다. 그럼, 내일 또 봐요.

모리타 : 실례하겠습니다.

단어

出(で)かける 나가다, 외출하다 / 上野公園(うえのこうえん) 우에노공원 / せっかく 모처럼 / 鎌倉(かまくら) 가마쿠라 / 大仏(だいぶつ) 대불 / 一番(いちばん) 가장, 최고 / 地図(ちず) 지도 / 一枚(いちまい) 한 장 / 持(も)つ 가지다 / 必要(ひつよう)だ 필요하다 / 特(とく)には 특별히는 / 飲(の)み物(もの) 마실 것, 음료수 / 二(ふた)つ 둘, 두 개 / 準備(じゅんび)する 준비하다 / いろいろ 여러 가지 / 明日(あした) 내일 / ごろ 쯤, 무렵 / 会(あ)う 만나다 / 朝(あさ) 아침 / 失礼(しつれい)する 실례하다

문형연습

1. どこか 出かけませんか。

① 今度の休みは 沖縄(おきなわ)に 行きませんか。

② 今日は ラーメンを 食べませんか。

③ 私と 付(つ)き合(あ)いませんか。

2. そうしましょう。

☞「ましょう」는 상대방에게 공손하게 권유할 때 쓰는 말로 「~합시다」에 해당한다. 「ます」의 권유형이므로 「ます형」에 연결된다.

① もっと 大きい家を 買いましょう。

② あしたの朝、駅前(えきまえ)で 会いましょう。

③ 毎朝(まいあさ) 日本語を 勉強しましょう。

3. どこが いいでしょうか。

☞「でしょう」는 「です」의 추량형으로 「でしょうか」는 「~일까요?」라는 뜻이다.

① 明日 お邪魔(じゃま)しても いいでしょうか。

② 日本の 海水浴場(かいすいよくじょう)は きれいでしょう。

③ 東京の 観光バスは 高いでしょうか。

4. 地図を 一枚 持っています。

① 夕(ゆう)べは ビールを 七杯(ななはい)も 飲みました。

② あそこに 大学生が 三人(さんにん) います。

③ あなたは 一日 何時間(なんじかん) 日本語を 勉強しますか。

5. 私が 一つ 準備します。

① そのマイクは 三(みっ)つで いくらですか。

② 私は 毎週(まいしゅう) すいかを 一つずつ 買います。

③ 「五個(ごこ)」を 「五(いつ)つ」とも言います。

6. 朝9時に どうですか。

① 土曜日(どようび)の 午後 2時に どうですか。

② 日本の 音楽(おんがく)を 聞くのは どうですか。

③ カラオケで 歌を 歌うのは どうですか。

④ お酒を 一杯(いっぱい) 飲むのは どうですか。

⑤ 計画的(けいかくてき)に 単語(たんご)を 覚(おぼ)えるのは どうですか。

7. 明日 何時ごろ 会いましょうか。

① 中村さんは 毎朝 何時ごろ 起(お)きますか。

② 去年(きょねん)の 今ごろ 私は 高校生(こうこうせい)でした。

③ 私は 毎朝 8時ごろ 学校(がっこう)へ 行きます。

④ 私は 毎朝 7時(しちじ)ごろ 起きます。

⑤ 入学式(にゅうがくしき)は 10時ごろ 始まります。

단어

沖縄(おきなわ) 오키나와 / 付(つ)き合(あ)う 교제하다 / 駅前(えきまえ) 역 앞 / 毎朝(まいあさ) 매일 아침 / 邪魔(じゃま)する 방해하다 / お邪魔(じゃま)する 찾아뵙다 / 海水浴場(かいすいよくじょう) 해수욕장 / 夕(ゆう)べ 어젯밤 / ビール 맥주 / 七杯(ななはい) 일곱 잔 / 三人(さんにん) 세 사람 / 一日(いちにち) 하루 / 何時間(なんじかん) 몇 시간 / 毎週(まいしゅう) 매주 / すいか 수박 / 音楽(おんがく) 음악 / 計画的(けいかくてき) 계획적 / 単語(たんご) 단어 / 覚(おぼ)える 기억하다, 암기하다 / 去年(きょねん) 작년 / 高校生(こうこうせい) 고등학생 / 入学式(にゅうがくしき) 입학식

◇ 조수사 1(助数詞 1) ◇

	~回(かい) 횟수	~冊(さつ) 책 · 노트	~人(にん) 사람	~台(だい) 자동차 · 기계	~枚(まい) 종이 · 우표
1	いっかい	いっさつ	**ひとり**	いちだい	いちまい
2	にかい	にさつ	**ふたり**	にだい	にまい
3	さんかい	さんさつ	さんにん	さんだい	さんまい
4	よんかい	よんさつ	よにん	よんだい	よんまい
5	ごかい	ごさつ	ごにん	ごだい	ごまい
6	ろっかい	ろくさつ	ろくにん	ろくだい	ろくまい
7	ななかい	ななさつ	ななにん (しちにん)	ななだい	ななまい (しちまい)
8	はっかい (はちかい)	はっさつ	はちにん	はちだい	はちまい
9	きゅうかい	きゅうさつ	きゅうにん	きゅうだい	きゅうまい
10	じゅっかい	じゅっさつ	じゅうにん	じゅうだい	じゅうまい
何	なんかい	なんさつ	なんにん	なんだい	なんまい

연습문제

1. 주어진 단어를 적당히 활용하여 (　) 안에 쓰시오.

(1) あの 建物を (　　　　) ませんか。(借りる)

(2) 私と (　　　　) ませんか。(付き合う)

(3) もっと 大きい 家を (　　　　) ましょう。(買う)

(4) 日本の 海水浴場は (　　　　) でしょうか。(きれいだ)

(5) 東京の 観光バスは (　　　　) でしょうか。(高い)

2. 주어진 한국어에 해당하는 표현을 (　) 안에 히라가나로 쓰시오.

(1) その マイクは (　　　　) で　いくらですか。(세 개)

(2) あそこに 大学生が (　　　　) います。(세 명)

(3) あなたは 一日 (　　　　) 日本語を 勉強しますか。(몇 시간)

(4) 私は 毎朝 (　　　　) 学校へ 行きます。(여덟 시 쯤)

(5) 土曜日の 午後2時に (　　　　　　　　)。(어떻습니까?)

歌を歌っています

15과

【나고야 (名古屋)】

일본 중부의 중심 도시로 3대 도시권의 하나인 중경권을 형성하는 중부지방의 정치, 경제, 문화, 교통의 중추이다.

학습목표

진행형 ~ている

결과상태형 ~てある

기본문형

歌(うた)を 歌っています。(노래를 부르고 있습니다)

そう 書(か)いてあります。(그렇게 쓰여 있습니다)

かわいい服(ふく)を 着(き)ています。(귀여운 옷을 입고 있습니다)

Main Sentence

田中：鈴木さん、あの人は 道端(みちばた)で 何をしているんですか。

鈴木：歌を歌いながら 何か 宣伝(せんでん)をしているようですね。

田中：かわいい服を着て、踊(おど)りも踊っているんですね。

鈴木：そうですね。暑(あつ)いのに 大変ですね。

田中：あそこに 書いてあるのは 何ですか。

鈴木：多分、セールの案内(あんない)でしょう。

田中：そうですか。

　　　ところで、鈴木さんは 好きな歌手(かしゅ)が いますか。

鈴木：ええ、私は AKB48というグループが 好きです。

田中：そのグループについて よく知(し)っていますか。

鈴木：よくは 知りませんけれども、とにかく好きです。

田中：若々(わかわか)しくて いいですね。

鈴木：あ、あそこに ちらしが 落(お)ちていますよ。

田中：そうですね。かたづけておきましょう。

　　　さて、昼(ひる)ごはんは 何にしますか。

鈴木：焼(や)きそばなんか どうですか。

田中：そうしましょう。たこやきも 食(た)べたいですね。

鈴木：じゃ、たこやきも 注文(ちゅうもん)しましょう。

　　　たこやきは 10個(じゅっこ)で 500円ぐらいします。

◆ 본문해석

다나카 : 스즈키씨, 저 사람은 길가에서 무엇을 하고 있나요?

스즈키 : 노래를 부르면서 뭔가 선전을 하고 있는 것 같군요.

다나카 : 귀여운 옷을 입고 춤도 추고 있네요.

스즈키 : 그렇네요. 더운데 힘들겠네요.

다나카 : 저기에 쓰여 있는 것은 뭐예요?

스즈키 : 아마, 세일 안내겠지요.

다나카 : 그래요? 그런데, 스즈키씨는 좋아하는 가수가 있어요?

스즈키 : 네, 저는 AKB48라는 그룹을 좋아해요.

다나카 : 그 그룹에 대해 잘 알고 있나요?

스즈키 : 잘은 모르지만, 아무튼 좋아합니다.

다나카 : 젊어서 좋군요.

스즈키 : 아, 저기에 전단지가 떨어져 있어요.

다나카 : 그렇군요. 치워둡시다. 그런데, 점심은 무엇으로 할래요?

스즈키 : 야키소바 같은 것 어때요?

다나카 : 그렇게 합시다. 다코야키도 먹고 싶네요.

스즈키 : 그럼, 다코야키도 주문합시다.

다코야키는 10개에 500엔 정도 합니다.

단어

歌(うた) 노래 / 歌(うた)う 노래 부르다 / 書(か)く 쓰다 / 道端(みちばた) 길가 / 宣伝(せんでん) 선전 / 服(ふく) 옷 / 着(き)る 입다 / 踊(おど)り 춤 / 踊(おど)る 춤추다 / 暑(あつ)い 덥다 / 大変(たいへん)だ 힘들다 / 多分(たぶん) 아마 / 案内(あんない) 안내 / 歌手(かしゅ) 가수 / グループ 그룹 / 知(し)る 알다 / とにかく 어쨌든 / 若々(わかわか)しい 젊어 보이다 / ちらし 전단지 / 落(お)ちる 떨어지다 / かたづける 치우다, 정리하다 / 昼(ひる)ごはん 점심 / 焼(や)きそば 야키소바 / なんか 등, 따위 / たこやき 다코야키 / 注文(ちゅうもん) 주문

문형연습

1. 何をしているんですか。

☞ 동사에 「ている」가 연결되면 기본적으로 현재 진행을 나타낸다.

① 吉田さんは いつも 日本語だけを 話しているんですね。

② 林さんは あそこで 何を 見ているんですか。

③ どんな 歌を 歌っているんですか。

2. 歌を歌いながら 宣伝をしています。

☞ 동사의 ます형에 「ながら」를 접속하면 「~하면서」라는 동시 동작을 나타낸다.

① 彼女は アイスクリー ムを 食べながら 電話(でんわ)を かけています。

② ご飯(はん)を 食べながら テレビを 見ています。

③ 新聞を 読みながら 音楽を 聞いています。

3. あそこに 書いてあります。

☞ 타동사에 「てある」가 연결되면 결과 상태를 나타낸다.

① 会議(かいぎ)の 連絡は もう してあります。

② チケットは 買ってあります。

③ 料理の 材料(ざいりょう)は 洗ってあります。

4. AKB48というグループが 好きです。

① 田所(たどころ)という方(かた)から 電話がありましたよ。

② 明日は ソラクサンという所に 山登り(やまのぼり)に行きましょう。

③ 日本語という言語(げんご)は おもしろいですね。

5. 若々しくて いいですね。

① 暑くて 大変ですね。

② あまりにも おもしろくて、一日で 全部(ぜんぶ) 読んでしまいました。

③ ハワイへ 行きたくて しようがないです。

6. かわいい服を 着ています。

☞ 동사를 순간동사와 계속동사로 분류하는 방식이 있다. 순간동사는 「立つ(서다), 座る(앉다), 落ちる(떨어지다), 着る(입다), 履く(신다)」와 같이 동작이 짧은 시간에 끝나고 그 결과가 오래 남아 있는 동사를 말한다. 순간동사에 「ている」가 접속되면 결과 상태를 나타낸다.

① きれいな 花が 落ちていますね。

② あそこに 座(すわ)っている 女の人は 誰ですか。

③ 吉田(よしだ)さんは 眼鏡(めがね)をかけています。

7. 昼ごはんは 何にしますか。

① 飲み物は 何にしますか。

② ビールとウイスキーと どちらにしますか。

③ 今度の 旅行先(りょこうさき)は どこにしますか。

8. たこやきも 食べたいですね。

① 日本に 行きたいですね。

② 奨学金(しょうがくきん)が もらいたいですね。

③ お風呂(ふろ)に 入りたいですね。

9. たこやきも 注文しましょう。

① 今度の休みには 海(うみ)にも 行きましょう。

② のどが 乾(かわ)いたから、ジュースを 飲みましょう。

③ おいしいものが いっぱいありますから、どんどん食べましょう。

단어

アイスクリーム 아이스크림 / 電話(でんわ) 전화 / 会議(かいぎ) 회의 / 連絡(れんらく) 연락 / チケット 티켓 / 買(か)う 사다 / 材料(ざいりょう) 재료 / 洗(あら)う 씻다 / 方(かた) 분 / 山登(やまのぼ)り 등산 / 言語(げんご) 언어 / おもしろい 재미있다 / 全部(ぜんぶ) 전부 / しようがない 어쩔 수 없다 / 座(すわ)る 앉다 / 眼鏡(めがね) 안경 / 旅行先(りょこうさき) 여행처 / 奨学金(しょうがくきん) 장학금

◇ 조수사 2 (助数詞 2) ◇

	~杯(はい) 마시는 것	~個(こ) 달걀 · 귤	~番(ばん) 순서	~本(ほん) 연필 · 병	~歳(さい) 연령
1	いっぱい	いっこ	いちばん	いっぽん	いっさい
2	にはい	にこ	にばん	にほん	にさい
3	さんばい	さんこ	さんばん	さんぼん	さんさい
4	よんはい	よんこ	よんばん	よんほん	よんさい
5	ごはい	ごこ	ごばん	ごほん	ごさい
6	ろっぱい	ろっこ	ろくばん	ろっぽん	ろくさい
7	ななはい	ななこ	ななばん	ななほん	ななさい
8	はっぱい	はっこ	はちばん	はっぽん	はっさい
9	きゅうはい	きゅうこ	きゅうばん	きゅうほん	きゅうさい
10	じゅっぱい	じゅっこ	じゅうばん	じゅっぽん	じゅっさい
何	なんばい	なんこ	なんばん	なんぼん	なんさい

연습문제

1. 주어진 단어를 이용하여 (　　　) 안에 진행형 표현을 만드시오.

(1) 吉田さんは いつも 日本語だけを (　　　　　　)んですね。＜話す＞

(2) どんな歌を(　　　　　　)んですか。＜歌う＞

(3) 彼女は アイスクリームを 食べながら 電話を(　　　　　　)ます。＜かける＞

(4) コーヒーを 飲みながら テレビを(　　　　　　)ます。＜見る＞

(5) 新聞を 読みながら 音楽を(　　　　　　)ます。＜聞く＞

2. 주어진 단어를 이용하여 (　　) 안에 결과상태형 표현을 만드시오.

(1) コンサートの チケットは もう(　　　　　　　　　　)ます。＜買う＞

(2) 料理の 材料は (　　　　　　　　　　)ます。＜洗う＞

(3) きれいな 花が(　　　　　　　　　　)ますね。＜落ちる＞

(4) あそこに(　　　　　　　　　　)女の人は誰ですか。＜座る＞

(5) 今日は すてきな 服を(　　　　　　　　　　)んですね。＜着る＞

人気があるそうです

16과

【문화의 날 (文化の日)】

11월3일은 일본국헌법이 공포된 날을 기념하는 경축일로 이날은 일본의 많은 교육기관에서 문화제를 실시한다. 헌법이 시행된 것을 기념하는 헌법기념일은 5월3일이다.

학습목표

전언 표현
허가 표현
금지 표현

기본문형

日本で 人気(にんき)が あるそうです。(일본에서 인기가 있다고 합니다)
借(か)りても いいですか。(빌려도 되나요?)
汚(よご)しては いけません。(더럽히면 안돼요)

Main Sentence

伊藤：吉田さん、久しぶりですね。

吉田：そうですね。お元気でしたか。

伊藤：ええ、おかげさまで、元気です。

でも、今 ちょっと 寝不足です。

吉田：どうしてですか。

伊藤：アメリカから帰ってきたばかりなので、時差の問題でしょう。

吉田：それは 大変ですね。いつ 帰ってきたんですか。

伊藤：先週の金曜日、11月15日に帰ってきました。

吉田：そうですか。

アメリカでも 日本のニュースは 聞いていたでしょう。

伊藤：ええ、大体は 聞いています。

今 日本で 話題の歌手は SKE48だそうですね。

吉田：ええ、そうです。よく 知っていますね。

伊藤：人数が ずいぶんと多いですが、歌は 上手ですか。

吉田：さあ、私は よく 分かりません。

でも、シーディーは 一枚 持っています。

伊藤：それ、ちょっと 借りてもいいですか。

吉田：いいですけど、汚してはいけませんよ。

伊藤：はい、分かりました。大事に 扱います。

◆ 본문해석

이토　: 요시다씨, 오랜만이네요.

요시다 : 그러네요. 잘 지내셨어요?

이토　: 네, 덕분에 잘 있습니다.

하지만 지금 좀 수면부족이에요.

요시다 : 왜요?

이토　: 미국에서 돌아온 지 얼마 안돼서 시차 문제겠지요.

요시다 : 그것 큰일이군요. 언제 돌아왔어요?

이토　: 지난주 금요일, 11월 15일에 돌아왔습니다.

요시다 : 그래요? 미국에서도 일본 뉴스는 듣고 있었지요?

이토　: 네, 대개는 듣고 있습니다.

지금 일본에서 화제인 가수는 SKE48라더군요.

요시다 : 네, 그렇습니다. 잘 알고 있네요.

이토　: 인원수가 꽤나 많던데, 노래는 잘 하나요?

요시다 : 글쎄요, 저는 잘 모르겠어요.

그래도 시디는 한 장 가지고 있어요.

이토　: 그거 좀 빌려도 될까요?

요시다 : 괜찮지만, 지저분하게 하면 안돼요.

이토　: 네 알겠습니다. 소중하게 다룰게요.

단어

人気(にんき) 인기 / 借(か)りる 빌리다 / 汚(よご)す 더럽히다 / 久(ひさ)しぶりだ 오래간만이다 / 元気(げんき)だ 건강하다 / おかげさまで 덕분에 / ちょっと 좀, 조금 / 寝不足(ねぶそく) 수면부족 / アメリカ 미국 / 帰(かえ)る 돌아가다, 돌아오다 / 時差(じさ) 시차 / いつ 언제 / 先週(せんしゅう) 지난주 / 金曜日(きんようび) 금요일 / ニュース 뉴스 / 大体(だいたい) 대체로 / 話題(わだい) 화제 / 歌手(かしゅ) 가수 / 人数(にんずう) 인원수 / ずいぶん 꽤 / 上手(じょうず)だ 잘하다 / 分(わ)かる 알다, 이해하다 / シーディー 시디 / 一枚(いちまい) 한 장 / 持(も)つ 가지다 / 大事(だいじ)だ 소중하다 / 扱(あつか)う 다루다, 취급하다

문형연습

1. 人気が あるそうです。

① 彼女は クラスの中で 一番 人気(にんき)が あるそうです。

② 明日は 全国的(ぜんこくてき)に 雨が 降るそうです。

③ 田中さんは 今 水泳(すいえい)のレッスンを 受けているそうです。

2. 借りても いいですか。

① この日本語の本を 一週間(いっしゅうかん)ぐらい 借りてもいいですか。

② 大きな声(こえ)で 歌を 歌ってもいいでしょうか。

③ ちょっと 彼を 叱(しか)ってもいいですか。

3. 汚しては いけません。

① 未成年者(みせいねんしゃ)が お酒を 飲んではいけません。

② 借りた本は 返(かえ)さなくてはいけません。

③ 毎日 朝ごはんを きちんと 食べなくてはいけません。

4. アメリカから 帰ってきたばかりです。

① 今 風邪薬(かぜぐすり)を 飲んだばかりで、ちょっと眠(ねむ)いです。

② 彼は 一年生になったばかりなのに、もう四年生(よねんせい)のような顔をしています。

③ 今 入社(にゅうしゃ)したばかりで、何が何だか さっぱり分かりません。

5. 時差の 問題でしょう。

① それは 考え方の問題でしょう。

② これは 私 個人の問題です。

③ 彼女が パーティーに来るか来ないかの問題です。

④ 問題は 3時までに この仕事が 終わるかどうかです。

⑤ 彼の問題は 何でもかんでも 分析(ぶんせき)することです。

6. いつ帰ってきたんですか。

① いつから こんなに 寒くなってきたんですか。

② 日本語が だんだん 上手(じょうず)になってきましたね。

③ 最近(さいきん)、水泳をするのが 楽しくなってきました。

④ 友だちの お手伝いに 行ってきました。

⑤ 先週 日本に 行ってきました。

7. 日本のニュースは 聞いていたでしょう。

① 彼女のうわさは 聞いていたでしょう。

② 昨日、公園(こうえん)で 吉田さんと バドミントンをやっていたでしょう。

③ 夕(ゆう)べ、裏門(うらもん)の飲(の)み屋(や)で 飲んでいたでしょう。

8. 11月15日に 帰りました。

① 3月3日(みっか)は ひな祭(まつ)りです。

② 5月5日(いつか)は こどもの日です。

③ 7月7日(なのか)は 七夕(たなばた)です。

단어

一番(いちばん) 가장 / 全国的(ぜんこくてき) 전국적 / 水泳(すいえい) 수영 / 受(う)ける 받다 / 一週間(いっしゅうかん) 일주일 / 叱(しか)る 야단치다 / 未成年者(みせいねんしゃ) 미성년자 / お酒(さけ) 술 / 返(かえ)す 돌려주다 / きちんと 제대로 / 風邪薬(かぜぐすり) 감기약 / 飲(の)む 마시다 / 一年生(いちねんせい) 1학년 / 四年生(よねんせい) 4학년 / 顔(かお) 얼굴 / 入社(にゅうしゃ)する 입사하다 / 分析(ぶんせき)する 분석하다 / 裏門(うらもん) 뒷문, 후문 / 飲(の)み屋(や) 술집 / 七夕(たなばた) 칠석

◇ 달 ◇

1月	2月	3月	4月	5月	6月
いちがつ	にがつ	さんがつ	**しがつ**	ごがつ	ろくがつ
7月	8月	9月	10月	11月	12月
しちがつ	はちがつ	**くがつ**	じゅうがつ	じゅういちがつ	じゅうにがつ

◇ 날짜 ◇

一日	**ついたち**	1일	十六日	じゅうろくにち	16일
二日	**ふつか**	2일	十七日	じゅうしちにち	17일
三日	**みっか**	3일	十八日	じゅうはちにち	18일
四日	**よっか**	4일	十九日	じゅうくにち	19일
五日	**いつか**	5일	二十日	**はつか**	20일
六日	**むいか**	6일	二一日	にじゅういちにち	21일
七日	**なのか**	7일	二二日	にじゅうににち	22일
八日	**ようか**	8일	二三日	にじゅうさんにち	23일
九日	**ここのか**	9일	二四日	**にじゅうよっか**	24일
十日	**とおか**	10일	二五日	にじゅうごにち	25일
十一日	じゅういちにち	11일	二六日	にじゅうろくにち	26일
十二日	じゅうににち	12일	二七日	にじゅうしちにち	27일
十三日	じゅうさんにち	13일	二八日	にじゅうはちにち	28일
十四日	**じゅうよっか**	14일	二九日	にじゅうくにち	29일
十五日	じゅうごにち	15일	三十日	さんじゅうにち	30일
			三十一日	さんじゅういちにち	31일

연습문제

1. 「そうだ」를 사용하여 주어진 한국어와 같은 뜻이 되도록 다음 빈 칸을 채우시오.

(1) 彼女は クラスの中で 一番 人気が____________________。
(있다고 합니다)

(2) この 部屋が 一番 ______________________________。
(조용하다고 합니다)

(3) この 中で キュウリが 一番 ________________________。
(싸다고 합니다)

(4) 彼の 話が 一番 ________________________________。
(재미있다고 합니다)

(5) 彼女が 夕べ 読んだのは この ______________________。
(책이라고 합니다)

2. 주어진 단어를 활용하여 한국어와 같은 뜻이 되도록 다음 빈 칸을 채우시오.

(1) 大きな声で 歌を________________________________。
(불러도 좋습니까? <歌う >)

(2) 未成年者が お酒を______________________________。
(마셔서는 안 됩니다. <飲む >)

(3) 先週 日本に____________________________________。
(다녀왔습니다. <行く>

(4) こんな 所で____________________________________。
(놀면 안 됩니다. <遊ぶ>

(5) 日本のニュースは___________________________でしょう。
(듣고 있었다. <聞く >)

日本に行ったことがあります

17과

【슈리성 (首里城)】

오키나와현에 있는 슈리성은 류큐왕국 시절의 궁전이다. 슈리성뿐만 아니라 오키나와의 전통적인 건축양식은 한국과 많이 닮아 있다는 것을 느낄 수 있다.

학습목표

경험표현
의견표현
추측표현

기본문형

日本に 行ったことがあります。(일본에 간 적이 있습니다)
日本語は おもしろいと思います。(일본어는 재미있다고 생각합니다)
日本語が 上手でしょうね。(일본어를 잘 하겠지요?)

Main Sentence

キム：新しい 学期(がっき)が 始まりましたね。

ハン：そうですね。日本語の 勉強(べんきょう)は おもしろいでしょうか。

キム：多分(たぶん)、おもしろいと思いますよ。

ハン：キムさんは 日本語が 上手(じょうず)でしょうね。

キム：いいえ、そうでもありません。

ハン：日本にも 行ったことがありますか。

キム：はい、一度(いちど) 旅行(りょこう)で 行ったことがあります。

ハン：そうですか。いいですね。

私は 今まで 一度も 日本に 行ったことがありません。

キム：そうですか。ぜひ 一回(いっかい) 行ってみてください。 結構(けっこう) いいところですよ。

ハン：そうですね。ぜひ 行ってみたいですね。

キム：ところで、九月になっても まだ 暑いですね。

ハン：そうですね。でも もう 秋だから そのうち 涼しくなるんじゃありませんか。

キム：早く そうなってほしいですね。寒くなるのは きらいですけどね。

ハン：キムさんは 冬が 嫌いですか。

キム： ええ、大嫌いです。

ハン： でも、暖房(だんぼう)があるから 大丈夫(だいじょうぶ)だと思います。

キム： そうでしょうね。

ハン： とにかく、今学期も いっしょに がんばりましょうね。

キム： はい、がんばりましょう。

◆ 본문해석

김 : 새 학기가 시작되었네요.

한 : 그러네요. 일본어 공부는 재미있을까요?

김 : 아마 재미있을거라고 생각해요.

한 : 김씨는 일본어를 잘하겠지요?

김 : 아뇨, 그렇지도 않아요.

한 : 일본에도 간 적이 있나요?

김 : 네, 한 번 여행으로 간 적이 있어요.

한 : 그래요? 좋군요. 저는 지금까지 한 번도 일본에 간 적이 없어요.

김 : 그래요? 꼭 한 번 가보세요. 꽤 좋은 곳이에요.

한 : 그러게요. 꼭 가보고 싶네요.

김 : 그런데 9월이 되었는데도 아직 덥군요.

한 : 그러네요. 하지만 이제 가을이니까 곧 시원해지지 않겠어요?

김 : 빨리 그렇게 되었으면 좋겠군요. 추워지는 것은 싫지만요.

한 : 김씨는 겨울이 싫은가요?

김 : 네, 엄청 싫어요.

한 : 그치만 난방이 있으니까 괜찮을 거라고 생각해요.

김 : 그렇겠지요?

한 : 아무튼 이번 학기도 같이 열심히 합시다.

김 : 네, 열심히 합시다.

단어

おもしろい 재미있다 / 思(おも)う 생각하다 / 上手(じょうず)だ 잘하다, 능숙하다 / 学期(がっき) 학기 / 始(はじ)まる 시작되다 / 勉強(べんきょう) 공부 / 多分(たぶん) 아마 / 一度(いちど) 한번 / 旅行(りょこう) 여행 / 一回(いっかい) 한번 / 結構(けっこう) 꽤 / 寒(さむ)い 춥다 / きらいだ 싫다, 싫어하다 / 暖房(だんぼう) 난방 / 大丈夫(だいじょうぶ)だ 괜찮다 / 今学期(こんがっき) 이번 학기 / がんばる 열심히 하다

문형연습

1. A 日本語の勉強は おもしろいでしょうか。
   B 多分、おもしろいと思います。

① A 彼女(かのじょ)は 今日 来るでしょうか。

　B ええ、多分 来ると 思います。

② A 部屋(へや)は 暖(あたた)かいでしょうか。

　B ええ、暖かいと思います。

③ A その レポートは 難しいでしょうか。

　B いいえ、簡単(かんたん)だと 思います。

2. A キムさんは 日本語が 上手でしょうね。
   B そうでしょうね。

① A 田中さんは 英語が できるでしょうね。

　B そうかもしれませんね。

② A あの人は 中国人でしょうね。

　B いいえ、多分 日本人だと思いますよ。

③ A 彼女は ピアノがひけるでしょうね。

　B いいえ、多分 ひけないと思いますよ。

3. 行ったことがあります。

① A なっとうを 食べたことがありますか。

B いいえ、まだ ありません。

② A お金を 拾(ひろ)ったことがありますか。

B はい、拾ったことがあります。

③ A 外国(がいこく)の 小説(しょうせつ)を 読んだことがありますか。

B はい、日本の 小説を 読んだことがあります。

④ A スマップに 会(あ)ったことがありますか。

B いいえ、ありません。

⑤ A 日本語の テストを 受(う)けたことがありますか。

B はい、もちろん あります。

단어

彼女(かのじょ) 그녀 / 部屋(へや) 방 / 暖(あたた)かい 따뜻하다 / 簡単(かんたん)だ 간단하다 / かもしれません ~일지도 모릅니다 / なっとう 낫토 / 拾(ひろ)う 줍다 / 外国(がいこく) 외국 / 小説(しょうせつ) 소설 / テストを受ける 시험을 보다

연습문제

1. 보기와 같이 두 문장을 한 문장으로 연결하세요.

보기 彼女は 来ます。そう 思います。

▶ 彼女は 来ると 思います。

(1) 彼は 大学生です。そう 思います。

▶ ______________________________

(2) この スマートフォンは とても 高いです。そう 思います。

▶ ______________________________

(3) 今は 晴れていますが、午後は 雨が 降ります。そう 思います。

▶ ______________________________

2. 다음 물음에 대답해 보세요.

(1) 日本に 行ったことがありますか。

▶ ______________________________

(2) お寿司を 食べたことが ありますか。

▶ ______________________________

(3) 「少女時代(しょうじょじだい)」という 歌手(かしゅ)に 会ったことが ありますか。

▶ ______________________________

3. 「~かもしれません」을 사용하여 두 문장을 한 문장으로 만들어 보세요.

보기 彼は 来ます。そうかもしれません。

▶ 彼は 来るかもしれません。

(1) 彼女は やさしいです。そうかもしれません。

▶ ____

(2) ここは 家賃(やちん)が 高いです。そうかもしれません。

▶ ____

(3) 明日は 休みます。そうかもしれません。

▶ ____

Note

〈생활일본어 1〉

초급일본어 교재는 대부분 공손하게「です(입니다)」「ます(습니다)」체로 구성되어 있다. 그러나 가끔은 친근한 사이에서 친하게 대화를 나누고 싶을 때도 있다. 이제 일본어에 조금 여유가 생겼으니 친한 사이에서 허물없이 사용할 수 있는 보통체로 된 표현을 익혀 보도록 하자. 몇 번에 걸쳐서 싣도록 한다.

新学期 (신학기)

A : もう新学期だね。

B : そうだね。夏休みはどうだった?

A : バイトしてたよ。勉強もしようと思ったけど、バイトが終わったら疲れてしまって……。

B : そうか。大変だったんだね。

A : うん。でも、バイト代もらったんで、今度どこか旅行に行こうと思ってるんだ。

B : それはいいね。

A : 벌써 신학기다, 그치?
B : 그러게. 여름방학은 어땠어?
A : 아르바이트했어. 공부도 하고 싶었는데, 알바 끝나면 피곤해서 말야……
B : 그랬어? 힘들었겠다.
A : 응. 그치만, 알바료 받았으니까, 다음에 어딘가 여행갈 생각이야.
B : 그거 좋겠다.

단어

夏休(なつやす)み 여름방학	バイト 아르바이트
勉強(べんきょう)する 공부하다	疲(つか)れる 피곤하다
大変(たいへん)だ 힘들다	今度(こんど) 이번, 다음

한자 1–5

한자	음과 훈	예시
人 사람 인	ジン ひと	人生(じんせい) 인생, 日本人(にほんじん) 일본인 人(ひと) 사람, 人柄(ひとがら) 인품
水 물 수	スイ みず	水曜日(すいようび) 수요일, 香水(こうすい) 향수 水(みず) 물, 水着(みずぎ) 수영복
正 바를 정	セイ ただ(しい)	正式(せいしき) 정식, 正門(せいもん) 정문 正(ただ)しい 올바르다
生 날 생	セイ なま	学生(がくせい) 학생, 先生(せんせい) 선생님 生放送(なまほうそう) 생방송
青 푸를 청	セイ あお	青春(せいしゅん) 청춘 青(あお) 파랑, 青(あお)い 파랗다
夕 저녁 석	セキ ゆう	一朝一夕(いっちょういっせき) 일조일석 夕御飯(ゆうごはん) 저녁밥
石 돌 석	セキ いし	宝石(ほうせき) 보석, 石油(せきゆ) 석유 石(いし) 돌, 小石(こいし) 작은 돌
赤 붉을 적	セキ あか	赤道(せきどう) 적도, 赤飯(せきはん) 팥밥 赤(あか) 빨강, 赤(あか)い 빨갛다
千 일천 천	セン ち	千円(せんえん) 천 엔, 千年(せんねん) 천 년 千歳(ちとせ) 천세, 천 년, 영원
川 내 천	セン かわ	河川(かせん) 하천 川(かわ) 강, 利根川(とねがわ) 도네강

テレビを見て、寝ます

18과

【삿포로 (札幌) 】

삿포로는 홋카이도의 중심도시로 도청소재지이다. 아이누어에서 유래한 지명 삿포로는 눈 축제로 한국인에게도 친숙한 도시이다.

학습목표

병렬표현 ~たり, ~たり

순서표현 ~て, ~て

상황설명 ~んです

기본문형

本を 読んだり、 テレビを 見たり します。 (책을 읽거나 텔레비전을 보거나 합니다)

先輩(せんぱい)に会って、 本を借りて 帰ります。 (선배님을 만나서 책을 빌려가지고 집에 갈 거예요)

いつも何をしているんですか。 (언제나 무엇을 하고 있나요?)

Main Sentence

野村：また一週間が 過ぎましたね。

パク：そうですね。速いですね。

野村：日曜日は いつも どんな ことを しているんですか。

パク：午前は 食事をしてから 洗濯をします。

野村：午後は 何を するんですか。

パク：午後は レポートを書いたり、月曜日の授業の 予習をしたりします。

野村：そうですか。まじめですね。

パク：でも、夜は テレビを見て、寝ます。
野村さんは どうですか。

野村：私は 大体 友だちに会って、コーヒーを 飲みながらおしゃべりをしますね。

パク：いいですね。私も今日は友だちに会って、食事をして帰るつもりです。

野村：そうですか。私は 先輩に会って、本を借りて 帰ります。
それじゃ、また。

パク：はい、失礼します。

◆ 본문해석

노무라 : 또 일주일이 지나갔네요.

박 : 그러게요. 빠르네요.

노무라 : 일요일은 언제나 무슨 일을 하나요?

박 : 오전에는 밥을 먹고 나서 빨래를 합니다.

노무라 : 오후에는 무엇을 하나요?

박 : 오후에는 리포트를 쓰거나, 월요일 수업의 예습을 하거나 합니다.

노무라 : 그래요? 착실하군요.

박 : 하지만, 밤에는 텔레비전을 보고 잡니다. 노무라씨는 어때요?

노무라 : 저는 대개 친구를 만나서, 커피를 마시면서 수다를 떨지요.

박 : 좋겠네요. 저도 오늘은 친구를 만나서, 식사를 하고 집에 갈 생각이에요.

노무라 : 그렇군요. 저는 선배님을 만나서, 책을 빌려가지고 집에 갈 거예요.
그럼 또 봐요.

박 : 네, 실례하겠습니다.

단어

たり ~하기도 하고 / 先輩(せんぱい) 선배 / 一週間(いっしゅうかん) 일주일 / 速(はや)い 빠르다 / 日曜日(にちようび) 일요일 / 午前(ごぜん) 오전 / 食事(しょくじ) 식사 / 洗濯(せんたく) 빨래 / 午後(ごご) 오후 / 予習(よしゅう) 예습 / まじめだ 착실하다 / 友達(ともだち) 친구 / おしゃべり 수다 / 帰(かえ)る 집에 가다, 퇴근하다 / 失礼(しつれい) 실례

문형연습

1. 本を読んだり、テレビを見たり します。

① 日曜日は 卓球(たっきゅう)をしたり、テニスをしたり します。

② 暇(ひま)な 時は 本を読んだり、テレビを見たり します。

③ 週末(しゅうまつ)は 友達に会ったり、映画を見たり します。

2. 友だちに会って、食事をして 帰るつもりです。

① 友達(ともだち)に会って、映画を見て おしゃべりを します。

② テレビを見て、勉強をして 寝(ね)ました。

③ 洗濯(せんたく)をして、掃除をして、買い物に行きました。

3. 食事を してから 洗濯を します。

① 学校(がっこう)が 終わってから アルバイトに 行きます。

② よく噛(か)んでから 飲み込んでください。

③ 私の話が 終わってから 動(うご)いてください。

☞ 「~てから(~하고 나서)」로 연결되는 문장은 앞의 동작이 끝난 후에 다음 동작을 한다는 순서가 확실히 제시되는 구문이다. 그러나 앞의 행동이 상식적으로 뒤의 동작을 위한 행위일 때에는 이 구문을 사용하지 않는다. 예를 들면 「ラーメンを作ってから食べました」라는 일본어는 틀린 문장이다. 이때는 「ラーメンを作って食べました(라면을 끓여 먹었습니다)」라고 표현하는 것이 올바른 표현이다.

4. いつも 何を しているんですか。

☞ 「~んです(~입니다)」는 주로 상황설명을 할 때 쓰는 구문이다. 따라서 「~んですか(~입니까?)」는 상황의 설명을 요구하는 뉘앙스가 들어가는 질문이 된다.

① 日曜日は いつも 何を しているんですか。

② 明日の 打(う)ち上(あ)げコンパには 田中さんも 行くんですか。

③ この部屋は どうして こんなに うるさいんですか。

5. コーヒー を飲みながら おしゃべりをします。

① テレビを見ながら レポートを書きます。

② ご飯を食べながら 新聞(しんぶん)を読みます。

③ 音楽(おんがく)を聞きながら 勉強をします。

6. 本を借りて 帰ります。

☞ 일본어는 현재형이 현재뿐만 아니라 미래나 의지를 나타내는 수가 있다. 전후 맥락을 보면서 상황에 맞게 번역할 수 있도록 한다.

① 明日のパーティーには 私も行きます。

② 優秀賞(ゆうしゅうしょう)の発表は 私がいたします。

③ ダイエットをしているので、私は食べません。

단어

卓球(たっきゅう) 탁구 / 暇(ひま)だ 짬이 나다, 여유롭다 / 週末(しゅうまつ) 주말 / 寝(ね)る 자다 / 買(か)い物(もの) 쇼핑, 장보기 / 学校(がっこう) 학교 / 終(お)わる 끝나다 / 噛(か)む 씹다 / 飲(の)み込(こ)む 삼키다, 넘기다 / 動(うご)く 움직이다 / 打(う)ち上(あ)げコンパ 종강파티, 종료파티 / 優秀賞(ゆうしゅうしょう) 우수상 / 発表(はっぴょう) 발표

연습문제

1. 다음 물음에 「~たり」를 사용하여 답해 봅시다.

(1) A 土曜日は 何を するんですか。
B ____

(2) A 日曜日には 何を しますか。
B ____

(3) A 週末には たいてい 何を しているんですか。
B ____

2. 「~てから」를 사용하여 문장을 완성해 보시오.

(1) 中の人が ________________入って ください。
(出る)

(2) この薬(くすり)は 食事を ________________飲んで ください。
(する)

(3) 私の話が 全部 ________________答えて ください。
(終わる)

3. 「~んです」를 사용하여 대답해 보시오.

(1) A どうして 食べないんですか。(食欲がない)
B ____

(2) A 明日のパーティーに 行きますか。(バイトがある)

B ____

(3) A どうして 黙っているんですか。(内容が 全然 分からない)

B ____

4. 「~ながら」를 사용하여 문장을 완성해 보시오.

(1) 音楽を__________________仕事をしています。
(聞く)

(2) 携帯を__________________ 歩かないでください。
(見る)

(3) 原稿を__________________発表しています。
(読む)

雪が降りそうですね

19과

【기요미즈데라 (清水寺)】

기요미즈데라는 교토에 있는 관광명소로 세계문화유산에 등록되어 있으며 수학 여행지를 대표하는 곳이기도 하다.

학습목표

양태표현 동사+そうだ

양태표현 형용사+そうだ

기본문형

雪(ゆき)が 降りそうですね。(눈이 내릴 것 같네요)

おいしそうですね。(먹음직스럽네요)

元気(げんき)そうですね。(건강해 보이네요)

Main Sentence

野口(のぐち)：加藤(かとう)さん、こんにちは。

加藤：あ、野口さん。こんにちは。ひさしぶりです。

野口：お元気(げんき)そうですね。

加藤：ええ、おかげさまで 元気です。

野口：ちょっと 寒(さむ)くありませんか。

加藤：そうですね。雪が 降りそうですね。

野口：お昼(ひる)、いっしょに どうですか。

加藤：ええ、行きましょう。

野口：この 店は 雰囲気(ふんいき)が いいでしょう。

加藤：そうですね。でも、ちょっと 高そうですね。

野口：今日(きょう)は 私が ごちそうします。
遠慮(えんりょ)なく 注文(ちゅうもん)してください。

加藤：本当(ほんとう)ですか。じゃ、遠慮なく。

野口：ここは 天丼(てんどん)と 牛丼(ぎゅうどん)が けっこう おいしいですよ。
さっそく 注文(ちゅうもん)しましょう。

加藤：おいしそうですね。いただきます。

野口：味(あじ)は どうですか。

加藤：すごく おいしいですね。

野口：そうですか。それは よかった。

加藤：野口さんも 食べてみてください。

◆ 본문해석

노구치 : 가토씨, 안녕하세요?

가토　: 아, 노구치씨. 안녕하세요. 오랜만이에요.

노구치 : 건강해 보이네요.

가토　: 네, 덕분에 잘 있습니다.

노구치 : 좀 춥지 않습니까?

가토　: 그러네요. 눈이 내릴 것 같죠?

노구치 : 점심, 같이 어때요?

가토　: 네, 갑시다.

노구치 : 이 가게는 분위기가 좋지요?

가토　: 그렇군요. 하지만, 좀 비싸 보이네요.

노구치 : 오늘은 제가 살게요. 사양 마시고 주문하세요.

가토　: 진짜요? 그럼, 사양 안할게요.

노구치 : 여기는 튀김덮밥과 소고기덮밥이 꽤 맛있어요.
곧바로 주문합시다.

가토　: 맛있겠네요. 잘 먹겠습니다.

노구치 : 맛은 어때요?

가토　: 굉장히 맛있군요.

노구치 : 그래요? 그거 다행이네.

가토　: 노구치씨도 먹어 보세요.

단어

雪(ゆき) 눈 / おいしい 맛있다 / 元気(げんき)だ 건강하다 / ひさしぶりだ 오래간만이다 / お昼(ひる) 점심 / 店(みせ) 가게 / 雰囲気(ふんいき) 분위기 / 高(たか)い 비싸다, 높다 / ごちそうする 한턱내다 / 遠慮(えんりょ) 사양 / 注文(ちゅうもん)する 주문하다 / 本当(ほんとう)だ 진짜다 / 天丼(てんどん) 튀김덮밥 / 牛丼(ぎゅうどん) 소고기덮밥 / けっこう 꽤, 상당히 / 味(あじ) 맛 / 食(た)べる 먹다

문형연습

1. 雪が 降りそうですね。

① 今日は 昨日(きのう)より 暖かくなりそうですね。

② この企画(きかく)は うまく行きそうですね。

③ 明日(あした)も 雨が降りそうですね。

2. ちょっと 高そうですね。

① 今日は 昨日より 寒そうですね。

② ここの 洋服(ようふく)は ずいぶん 高そうですね。

③ こちらの 方が もっと よさそうですね。

④ 英語には 全然(ぜんぜん) 関心が なさそうですね。

⑤ パクさんは あまり 楽(たの)しくなさそうですね。

3. 元気そうですね。

① この 椅子(いす)は 楽そうですね。

② この かばん、丈夫そうですね。

③ この 問題は あまり 簡単(かんたん)じゃなさそうですね。

4. それは よかったですね。

① こんな 時に あなたが いて よかったです。

② いい成績が 出て よかったですね。

③ 昇進をして よかったですね。

5. 食べてみてください。

① 彼が 来るかどうか 聞いてみてください。

② 難しいかもしれませんが、テストを 受けてみてください。

③ ピアノを 習ってみてください。おもしろいですよ。

단어

昨日(きのう) 어제 / 暖(あたた)かい 따뜻하다 / 企画(きかく) 기획 / 明日(あした) 내일 / 洋服(ようふく) 옷, 정장 / ずいぶん 꽤, 상당히 / こちら 이쪽 / 全然(ぜんぜん) 전혀 / 関心(かんしん) 관심 / 楽(たの)しい 즐겁다 / 椅子(いす) 의자 / 楽(らく)だ 편안하다 / かばん 가방 / 丈夫(じょうぶ)だ 튼튼하다 / 問題(もんだい) 문제 / 簡単(かんたん)だ 간단하다 / 成績(せいせき) 성적 / 昇進(しょうしん) 승진 / 難(むずか)しい 어렵다 / 習(なら)う 배우다

연습문제

1. 보기와 같이 동사에 「そうだ」를 사용하여 문장을 완성해 보시오.

보기 彼も 行きそうですね。(行く)

(1) この 料理は 外国人も ____________________。(食べる)

(2) 今日も 月(つき)が ____________________。(見える)

(3) 明日は 中央図書館(ちゅうおうとしょかん)で 勉強が ______________。(できる)

(4) 今回の 試験には ____________________。(合格(ごうかく)する)

(5) 社長は 体の具合(ぐあい)いが悪くて、今日は 会社を ____________________。(休む)

2. イ형용사에 「そうだ」를 사용하여 문장을 완성해 보시오.

보기 今日も 寒そうですね。(寒い)

(1) こちらの方が もっと ____________________。(おいしい)

(2) この パンは ____________________。(やわらかい)

(3) このケーキは ____________________。(甘(あま)い)

(4) このコーヒーは ちょっと ____________________。(熱(あつ)い)

(5) この仕事(しごと)は ____________________。(きつい)

3. ナ형용사에 「そうだ」를 사용하여 문장을 완성하시오.

보기 この椅子は 楽そうですね。(楽だ)

(1) この 店の 果物(くだもの)は とても ____________________。(新鮮(しんせん)だ)

(2) あの 人は いつも ________________________。(幸せだ)

(3) この椅子は あまり ________________________。(丈夫だ)

(4) あの部屋より この部屋の方が もっと ___________。(静かだ)

(5) ズボンより スカートの方が __________________。(きれいだ)

Note

〈생활일본어 2〉

単位(たんい)(학점)

A : 単位申請(たんいしんせい)はもう終(お)わったの?

B : うん。君(きみ)は何単位申請(なんたんいしんせい)した?

A : 私(わたし)は18(じゅうはち)単位申請(たんいしんせい)したけど、山田君(やまだくん)は?

B : 僕(ぼく)は20(にじゅっ)単位(たんい)。ちょっと多(おお)かったかな?

A : がんばれば何(なん)とかなるんじゃない?

B : そうだね。

A : 학점 신청은 다 끝났어?
B : 응. 너는 몇 학점 신청했니?
A : 나는 18학점 신청했는데, 너(야마다)는?
B : 나는 20학점. 좀 많지?
A : 열심히 하면 어떻게 되지 않겠어?
B : 그렇지?

단어

単位(たんい) 학점
君(きみ) 너, 자네
私(わたし) 나, 저
僕(ぼく) 나(남성용어)
多(おお)い 많다
がんばる 노력하다, 열심히 하다

한자 1-6

한자	음과 훈	예시
先 먼저 선	セン さき	先生(せんせい) 선생님, 先週(せんしゅう) 지난주 先(さき)に 먼저, 전에
早 이를 조	ソウ はや(い)	早朝(そうちょう) 조조 早(はや)い 이르다, 빠르다
草 풀 초	ソウ くさ	草原(そうげん) 초원, 海草(かいそう) 해초 草(くさ) 풀, 草花(くさばな) 화초
足 발 족	ソク あし	遠足(えんそく) 소풍, 不足(ふそく) 부족 足(あし) 발, 手足(てあし) 손발
村 마을 촌	ソン むら	農村(のうそん) 농촌 村(むら) 마을, 村人(むらびと) 마을 사람
大 큰 대	ダイ, タイ おお(きい)	大学(だいがく) 대학, 大陸(たいりく) 대륙 大(おお)きい 크다
男 사내 남	ダン おとこ	男性(だんせい) 남성, 男女(だんじょ) 남녀 男(おとこ) 남자, 男(おとこ)の子(こ) 남자아이
竹 대 죽	チク たけ	爆竹(ばくちく) 폭죽 竹(たけ) 대나무, 竹(たけ)の子(こ) 죽순
中 가운데 중	チュウ なか	中心(ちゅうしん) 중심, 中国(ちゅうごく) 중국 中(なか) 속, 안, 夜中(よなか) 한밤중
虫 벌레 충	チュウ むし	昆虫(こんちゅう) 곤충 虫(むし) 벌레, 虫歯(むしば) 충치

とても住みやすいです

20과

【일본의 관광명소】

일본은 관광명소가 참 많은 나라이다. 조사할 때마다 바뀌는 곳도 있지만 매년 변함없는 곳도 있다. 일본에 가서 갈고닦은 일본어 실력을 어필해보도록 하자.

학습목표

병렬표현 ~し, ~し
접미사 ~やすい

기본문형

近いし、 環境も いいです。(가깝고 환경도 좋습니다)
生活習慣も よくなっています。(생활습관도 좋아졌습니다)
とても 住みやすいです。(아주 살기 편해요)

Main Sentence

佐藤 : だいぶ 寒(さむ)く なりましたね。

木村 : そうですね。冬(ふゆ)ですからね。

佐藤 : 今日、木村さんの 誕生日(たんじょうび)でしょう。
お誕生日、おめでとうございます。
お祝いに 本を 一冊(いっさつ) 買いました。どうぞ。

木村 : ありがとうございます。いい本ですね。

佐藤 : 木村さんは 最近(さいきん)、引っ越したようですね。

木村 : そうです。学校(がっこう)の近くに 引っ越してきました。

佐藤 : 新しい アパートは どうですか。

木村 : 結構(けっこう) いいところですよ。
学校からも 近いし、環境(かんきょう)も とても いいです。

佐藤 : そうですか。それは 良かったですね。
学校から 近いと いろいろ いい点が あるでしょうね。

木村 : ええ、最近は 朝(あさ)早く起きて 学校のグラウンドを走って
いますので、生活習慣(しゅうかん)も だいぶ 良くなっています。

佐藤 : 買い物は どうですか。
近くに 大きい スーパーとか ありますか。

木村：大きいスーパーは ないけど、買い物には 困(こま)らないし、
とても住みやすいです。
一度(いちど) ぜひ 遊びに 来てください。

佐藤：遊びに 行ってもいいですか。

木村：もちろん いいですよ。お電話(でんわ)ください。
待って います。

佐藤：分かりました。そのうち、おじゃまします。

木村：今日は 誕生日のプレゼント、本当に ありがとうございました。

◆ 본문해석

사토 : 꽤 추워졌네요.

기무라 : 그러게요. 겨울이니까요.

사토 : 오늘, 기무라씨의 생일이지요? 생일 축하해요. 축하의 뜻으로 책을 한 권 샀습니다. 여기요.

기무라 : 고맙습니다. 좋은 책이네요.

사토 : 기무라씨는 최근에 이사한 모양이지요?

기무라 : 그렇습니다. 학교 가까이에 이사 왔어요.

사토 : 새 아파트는 어떻습니까?

기무라 : 꽤 좋은 곳이에요. 학교에서도 가깝고, 환경도 아주 좋습니다.

사토 : 그래요? 그것 잘됐군요. 학교에서 가까우면 여러 가지 좋은 점이 있겠지요?

기무라 : 네, 요즘에는 아침에 일찍 일어나서 학교 운동장을 뛰고 있기 때문에 생활습관도 꽤 좋아졌어요.

사토 : 장보기는 어때요? 가까이에 큰 슈퍼마켓 같은 것 있나요?

기무라 : 큰 슈퍼마켓은 없지만, 장보는 데에는 곤란한 점이 없고, 아주 살기 편해요. 한 번 꼭 놀러 오세요.

사토 : 놀러 가도 되나요?

기무라 : 물론 좋아요. 전화해 주세요. 기다리고 있을게요.

사토 : 알겠습니다. 가까운 시일 안에 찾아갈게요.

기무라 : 오늘은 생일 선물 정말로 고맙습니다.

단어

住(す)む 살다 / 近(ちか)い 가깝다 / 環境(かんきょう) 환경 / 生活(せいかつ) 생활 / 習慣(しゅうかん) 습관 / 冬(ふゆ) 겨울 / 誕生日(たんじょうび) 생일 / お祝(いわ)い 축하, 축하의 선물 / 最近(さいきん) 최근 / 引(ひ)っ越(こ)す 이사하다 / 結構(けっこう) 꽤, 상당히 / 困(こま)る 곤란하다 / 遊(あそ)ぶ 놀다 / 電話(でんわ) 전화

문형연습

1. 近いし、環境(かんきょう)も いいです。

① 今日は 暇(ひま)だし、あしたも 暇です。

② 友だちも できたし、日本語も 勉強できるので 大満足(だいまんぞく)です。

③ 彼女は 料理(りょうり)も 上手だし、性格(せいかく)も いいし、やさしいです。

④ うちの学校は 広いし、静かだし、学食(がくしょく)も おいしいです。

⑤ 日本語は おもしろいし、やさしいし、話しやすいです。

2. 生活習慣(せいかつしゅうかん)も よくなりました。

① 田中さんと だいぶ 仲(なか)よくなりました。

② 韓国の生活も、だんだん おもしろくなりました。

③ 朝晩(あさばん) 寒くなりました。もう すぐ 冬ですね。

④ 冷(つめ)たいものを食べすぎて、おなかが 痛くなりました。

⑤ 彼女が 好きになりました。どうしましょう。

⑥ 部屋の中が やっと 静かになりました。

⑦ この辺(あた)りも きれいになりましたね。

3. ここは とても 住みやすいです。

① この本は 漢字が 少ないので、読みやすいです。

② 彼の日本語は 発音が きれいなので、分かりやすいです。

③ このパンは やわらかいので、食べやすいです。

④ ここは 道が 平らなので、自転車に 乗りやすいです。

⑤ 彼女は 人の話を よく 聞いてくれるので、話しやすいです。

4. 最近、引っ越したようですね。

① 木村さんは アメリカへ 行ったようですね。

② この歌詞は 覚えるのが 大変なようですね。

③ この問題は 答えるのが なかなか 難しいようですね。

④ これは ノーベル賞をもらった本のようですね。

⑤ 明日、うちの学校に 日本人が来るようですね。

단어

暇(ひま)だ 한가하다 / 大満足(だいまんぞく) 대만족 / 上手(じょうず)だ 잘하다 / 性格(せいかく) 성격 / 学食(がくしょく) 학식 / やさしい 쉽다 / 仲(なか) 사이 / 朝晩(あさばん) 아침저녁 / 冷(つめ)たい 차갑다 / 好(す)きだ 좋아하다 / 辺(あた)り 부근 / 漢字(かんじ) 한자 / 発音(はつおん) 발음 / やわらかい 부드럽다 / 平(たい)らだ 평평하다 / 自転車(じてんしゃ) 자전거 / 歌詞(かし) 가사 / 難(むずか)しい 어렵다 / ノーベル賞(しょう) 노벨상 / 明日(あした) 내일 / 日本人(にほんじん) 일본인

연습문제

1. 주어진 단어에 「~やすい」를 사용하여 문장을 완성하시오.

(1) このパンは柔(やわ)らかくて、子供でも(　　　　　　　　　　　)です。(食べる)

(2) この曲は歌詞(かし)もいいし、(　　　　　　　　　　　)です。(歌う)

(3) この椅子は高さの調節(ちょうせつ)が(　　　　　　　　　　　)です。(する)

(4) 彼女は優(やさ)しいから(　　　　　　　　　　　)です。(話す)

(5) あの先生の質問(しつもん)は(　　　　　　　　　　　)です。(答える)

2. (　) 안의 단어를 알맞은 형태로 고쳐 보시오.

(1) だんだん＿＿＿＿＿＿＿＿なりました。(寒い)

(2) 教室が＿＿＿＿＿＿＿＿なりました。(静かだ)

(3) 昼が＿＿＿＿＿＿＿＿なりました。(長い)

3. 「~し」를 사용하여 두 문장을 한 문장으로 만드시오.

(1) あの店は 値段も 安いです。料理も おいしいです。

▶ ＿＿＿＿＿＿＿＿＿＿＿＿＿＿＿＿＿＿＿＿

(2) 彼は お酒も 飲みます。たばこも 吸います。

▶ ＿＿＿＿＿＿＿＿＿＿＿＿＿＿＿＿＿＿＿＿

(3) 彼女は 顔も きれいです。頭も いいです。歌も 上手です。

▶ ＿＿＿＿＿＿＿＿＿＿＿＿＿＿＿＿＿＿＿＿

Note

【日本のなぞなぞ 3】(일본의 수수께끼 3)

(11) お父(とう)さんが 一番(いちばん) きらいな くだものって なあに？
(아빠가 가장 싫어하는 과일이 뭐~게?)

(12) にわで さかだちしている 動物(どうぶつ)って なあに？
(마당에서 물구나무서고 있는 동물이 뭘까요?)

(13) 上(うえ)から読(よ)んでも 下(した)から読(よ)んでも 同(おな)じ名前(なまえ)の やさいって なあに？
(위로부터 읽어도 아래로부터 읽어도 같은 이름의 야채가 뭐야?)

(14) れいぞうこの 中(なか)にいる 動物(どうぶつ)って なあに？
(냉장고 안에 있는 동물은 뭘까?)

(15) にげても にげても おいかけてくるものって なあに？
(도망쳐도 도망쳐도 뒤쫓아 오는 것은 무엇일까?)

정답

(11) パパイヤ(파파야 : 「パパイヤ」가 「아빠 싫어」와 발음이 같다) / (12) わに(악어 : 「わに」를 뒤집어서 읽으면 「にわ(마당)」가 된다) / (13) トマト(토마토) / (14) ぞう(코끼리 : 「れいぞうこ」의 한가운데에 「ぞう」가 들어 있다) / (15) かげ(그림자)

よろしく伝えてください

21과

【호류지 (法隆寺)】

나라현에 있는 세계에서 가장 오래된 목조건축물로 유명한 호류지(법륭사)는 백제관음상과 금당벽화로 한국인에게도 꽤나 친숙한 사찰이다.

학습목표

가정형 ~たら
희망표현 ~たい
안부 전하기

기본문형

就職が決まったら、学校はどうするんですか。
(취직이 결정되면 학교는 어떻게 할 거예요?)
どんな会社に入りたいですか。(어떤 회사에 들어가고 싶어요?)
彼女に会ったら、よろしく伝えてください。(그녀를 만나거든 안부 전해주세요)

Main Sentence

田中：イーさん、お茶(ちゃ)でも 飲みませんか。

イー：はい、すぐ 行きます。

田中：試験の 準備で 忙しいでしょう。

イー：ええ。大変です。

田中：でも、少し休(やす)みながら やった方が いいと思いますよ。

この果物(くだもの)でも 食べてください。

イー：はい、いただきます。

田中：就職(しゅうしょく)が決まったら、学校は どうするんですか。

イー：まだ 分かりません。

でも、何とか 卒業(そつぎょう)は したいと思います。

田中：そうですか。どんな会社に 入りたいですか。

イー：できれば、貿易会社(ぼうえきがいしゃ)に 入りたいんですが、ちょっと

自信が ありません。

田中：大丈夫(だいじょうぶ)ですよ。

きっと いい会社が 見つかると思います。

ところで、好子(よしこ)さんは 今 何をしているんですか。

イー：彼女は 銀行(ぎんこう)に 勤めていると聞きました。

田中 ：そうですか。会いたいですね。

彼女に会ったら、よろしく伝(つた)えてください。

イー ：はい、分かりました。

◆ 본문해석

다나카 : 이씨, 차라도 마시지 않을래요?

이　　 : 네, 금방 갈게요.

다나카 : 시험 준비로 바쁘지요?

이　　 : 네, 힘들어요.

다나카 : 하지만, 좀 쉬면서 하는 게 좋다고 생각해요.

이 과일이라도 드세요.

이　　 : 네, 잘 먹을게요.

다나카 : 취직이 결정되면 학교는 어떻게 할 거예요?

이　　 : 아직 모르겠어요. 그치만 어떻게든 졸업은 하고 싶어요.

다나카 : 그렇군요. 어떤 회사에 들어가고 싶어요?

이　　 : 가능하면 무역회사에 들어가고 싶지만, 자신이 좀 없네요.

다나카 : 괜찮아요. 꼭 좋은 회사를 찾을 수 있을 거예요.

그런데, 요시코씨는 지금 무엇을 하고 있나요?

이　　 : 그녀는 은행에 근무하고 있다고 들었습니다.

다나카 : 그래요? 보고 싶네요.

그녀를 만나거든 안부 전해주세요.

이　　 : 네, 알겠습니다.

단어

伝(つた)える 전하다 / 就職(しゅうしょく) 취직 / お茶(ちゃ) 차 / 試験(しけん) 시험 / 準備(じゅんび) 준비 / 忙(いそが)しい 바쁘다 / 少(すこ)し 조금 / 休(やす)む 쉬다 / 果物(くだもの) 과일 / 卒業(そつぎょう) 졸업 / 貿易会社(ぼうえきがいしゃ) 무역회사 / 自信(じしん) 자신 / 銀行(ぎんこう) 은행 / 勤(つと)める 근무하다

문형연습

1. 宿題が終わったら、テレビを見ます。

① 日本に 着(つ)いたら 電話してください。

② 卒業したら 日本の企業に 就職します。

③ パクさんに 会ったら、よろしく 伝えてください。

④ かゆくなったら この薬をぬってください。

⑤ 寂(さび)しかったら お酒でも 飲みに 行きましょう。

⑥ 暇(ひま)だったら 公園にでも 行きましょう。

⑦ 雨だったら 山登りは 止めましょう。

2. 就職の 準備で 忙しいでしょう。

① 明日 国へ 帰(かえ)るでしょう。

② キムチを 食べたこと、あるでしょう。

③ 彼女の料理、おいしいでしょう。

④ 高山(たかやま)さん、とても きれいでしょう。

⑤ これは 木村(きむら)さんの 車でしょう。

⑥ 試験勉強で 大変だったでしょう。

⑦ きのうは 休みだったでしょう。

3. どんな会社に 入りたいですか。

① 今から 何が 一番 やりたいですか。

② 一番 行ってみたい国は どこですか。

③ 和食(わしょく)の中で 一番 食べたいものは 何ですか。

④ お酒が 飲みたい時は いつでも 電話してください。

⑤ 帰りたい時は いつ 帰ってもいいですよ。

4. 銀行に 勤めていると聞きました。

① 彼は 彼女のことが 好きだと聞きました。

② 日本は 韓国より 大きいと聞きました。

③ おきなわには 珍しい食べ物が いっぱい あると聞きました。

④ 吉田さんの部屋が 高橋さんの部屋より きれいだと聞きました。

⑤ これは とても 有名な本だと聞きました。

단어

宿題(しゅくだい) 숙제 / 着(つ)く 도착하다 / 電話(でんわ) 전화 / かゆい 가렵다 / ぬる 바르다 / 山登(やまのぼ)り 등산 / 料理(りょうり) 요리 / きれいだ 예쁘다, 깨끗하다 / 車(くるま) 자동차 / 試験勉強(しけんべんきょう) 시험공부 / 和食(わしょく) 일식 / 珍(めずら)しい 신기하다 / 部屋(へや) 방 / 有名(ゆうめい)だ 유명하다

연습문제

1. 「たら」를 사용하여 두 문장을 한 문장으로 만드시오.

(1) 田中先生に 会う。よろしく 伝えてください。

▶ ____________________

(2) 疲れる。休んでください。

▶ ____________________

(3) おいしい。もっと 食べてください。

▶ ____________________

(4) 日曜日だ。時間が あります。

▶ ____________________

(5) 大変だ。しないでください。

▶ ____________________

2. 다음의 한국어를 일본어로 표현하시오.

(1) 숙제가 끝나면 잘 거예요。

▶ ____________________

(2) 가장 먹고 싶은 일본음식은 무엇인가요?

▶ ____________________

(3) 田中씨는 수영을 잘 하시지요?

▶ ____________________

Note

〈생활일본어3〉

秋 (가을)

男 : もう秋だね。

女 : そうね。吉本君はこの秋に特別な計画でもあるの?

男 : うん、あるよ。やっぱり秋はスポーツの季節だと思うんだな。

女 : そう、スポーツね。それもいいけど、読書もいいと思うわ。

男 : あれこれやってみるのもいいかも知れないね。

女 : 欲張りすぎても困るけどね。

男 : 벌써 가을이다, 그치?
女 : 그러게. 너(요시모토)는 이 가을에 특별한 계획이라도 있니?
男 : 응, 있지. 역시 가을은 스포츠의 계절이라고 생각해.
女 : 그래, 스포츠 말이지? 그것도 좋지만, 독서도 좋을 것 같은데.
男 : 이것저것 해보는 것도 좋을지도 모르지.
女 : 너무 욕심 부려도 안 되겠지만 말야.

단어

秋(あき) 가을	特別(とくべつ)だ 특별하다
やっぱり 역시	あれこれ 이것저것
欲張(よくば)る 욕심 부리다	困(こま)る 곤란하다

高くなければ買いたいです

【후쿠오카 (福岡)】

규슈지방의 행정, 경제, 교통의 중심지이며 규슈에서 가장 큰 도시이다. 한국과 가장 가까운 대도시로 관련성이 깊다.

학습목표

가정형 ~ば
결과상태 ~ておく
완료형

기본문형

どう 行けば いいんですか。(어떻게 가면 되나요?)
机(つくえ)の上に 置いておきました。(책상 위에 놓아두었습니다)
お腹(なか)が すきましたね。(배가 고프네요)

Main Sentence

キム ：高橋さん、何を 見ているんですか。

高橋：ソウルの地図(ちず)です。あのう、明日 ソウル駅に 行きたいんですが、どう 行けば いいんですか。

キム ：どこか 行くんですか。

高橋：ええ、慶州へ 行きたいんです。

キム ：ソウル駅は 地下鉄(ちかてつ)の 1号線(ごうせん)に 乗れば すぐですよ。

高橋：そうですか。分かりました。それから、最近(さいきん)のスマートフォンは いくらぐらいしますか。

キム ：さあ…　スマートフォンを 買うんですか。

高橋：ええ、高くなければ 買いたいと思います。

ところで、私の電子辞書(でんしじしょ)を 見ませんでしたか。

キム ：あ、机の上に 置いておきました。

高橋：ありがとうございます。

ちょっと お腹(なか)が すきましたね。何か 食べませんか。

キム ：もう 注文してあるので、すぐ 来ると思います。

高橋：何を 頼(たの)んだんですか。

キム ：チャンポンを 注文しておきました。いいでしょう。

高橋：ええ、何でも いいです。

◆ 본문해석

김　　　: 다카하시씨, 뭘 보고 있어요?

다카하시 : 서울 지도예요. 저어, 내일 서울역에 가고 싶은데요, 어떻게 가면 되나요?

김　　　: 어딘가 가나요?

다카하시 : 네, 경주에 가고 싶어요.

김　　　: 서울역은 지하철 1호선을 타면 금방이에요.

다카하시 : 그래요? 알겠습니다. 그리고, 최근의 스마트폰은 얼마 정도 하나요?

김　　　: 글쎄요, 스마트폰을 살 건가요?

다카하시 : 네, 비싸지 않으면 사려고요.
그런데, 제 전자사전을 못 보셨어요?

김　　　: 아, 책상 위에 놓아두었습니다.

다카하시 : 고맙습니다. 배가 좀 고프네요. 뭔가 먹지 않을래요?

김　　　: 벌써 주문해 두었으니 금방 올 게예요.

다카하시 : 뭘 주문했어요?

김　　　: 짬뽕을 주문해 두었습니다. 괜찮죠?

다카하시 : 네, 뭐든지 괜찮아요.

단어

買(か)う 사다 / 机(つくえ) 책상 / お腹(なか) 배 / 地下鉄(ちかてつ) 지하철 / ~号線(ごうせん) ~호선 / 最近(さいきん) 최근 / 電子辞書(でんしじしょ) 전자사전 / 注文(ちゅうもん)する 주문하다 / 頼(たの)む 부탁하다 / チャンポン 짬뽕

문형연습

1. 가정형 ば

품사	종류	기본형	가정형
동사	1류동사 2류동사 3류동사	読む 起きる 食べる 来る する	読めば 起きれば 食べれば 来れば すれば
ィ형용사		おいしい いい	おいしければ よければ
ナ형용사		好きだ	好きなら(ば)
명사		英語	英語なら(ば)

① これ、何と読めば いいですか。

② 明日 何時に 来れば いいんですか。

③ 好きなら いっぱい 持っていってもいいですよ。

2. 高くなければ 買いたいんです。

① 今は できませんが、勉強すれば すぐ 話せると思います。

② もし よければ コンサートに 行きませんか。

③ 静かなら いいですが、ここは あまり 静かじゃなさそうですね。

④ ジュースなら(ば) 飲みますが、コーヒーは 飲みたくありません。

3. 机の上に 置いておきました。

① 忘れるといけないので、ノートに書いておきました。

② お客さんが来るので コーヒーを準備しておきました。

③ 明日の朝ごはんは 買っておきました。

④ レポートは すでに 書いておきました。

⑤ ミーティングの連絡は メールで しておきました。

4. お腹が すきましたね。

① ちょっと 疲れましたね。

② ご飯を食べたばかりなのに もう お腹がすきました。

③ ああ、私の携帯は ここに ありましたね。

④ のどが かわきました。ジュースでも 飲みましょう。

⑤ あなたの話は よく 分かりました。

단어

いっぱい 가득, 많이 / コンサート 콘서트 / 静(しず)かだ 조용하다 / コーヒー커피 / お客(きゃく)さん 손님 / 連絡(れんらく) 연락 / 疲(つか)れる 피곤하다 / 携帯(けいたい) 휴대폰 / のど 목 / かわく 마르다

연습문제

1. ( ) 안의 단어를 알맞은 형태로 고치시오.

(1) A　スマートフォンも 買うんですか。
　B　ええ、________ば　買いたいんです。
　(安い)

(2) 天気が________ば 行きたいです。
　(いい)

(3) 卓球なら________ますが、バスケットボールは________。
　(できる)　(できない)

(4) 絵を________ば すぐ 理解できます。
　(見る)

2. 「~ておく」를 사용하여 문장을 완성하시오.

(1) 発表があるので、________ました。
　(準備する)

(2) 私は スケジュール表に いつも メモを________ます。
　(する)

(3) 明日 着ますので アイロンを________てください。
　(かける)

(4) イギリスに行く飛行機を________てください。
　(予約する)

3. 주어진 단어를 활용하여 완료형 문장을 만드시오.

(1) 3時間も勉強したら、＿＿＿＿＿＿＿＿＿＿。(疲れる)

(2) 暑いので のどが＿＿＿＿＿＿＿＿＿＿。(かわく)

(3) 少ししか 食べなかったから もう お腹が＿＿＿＿＿＿＿＿＿＿。(すく)

4. 다음의 한국어를 일본어로 표현하시오.

(1) 춘천에는 어떻게 가면 되나요?

▶ ＿＿＿＿＿＿＿＿＿＿＿＿＿＿＿＿＿＿＿＿

(2) 테이블 위에 커피가 놓여 있습니다。

▶ ＿＿＿＿＿＿＿＿＿＿＿＿＿＿＿＿＿＿＿＿

(3) 노트에 스케줄을 써 두었습니다。

▶ ＿＿＿＿＿＿＿＿＿＿＿＿＿＿＿＿＿＿＿＿

Note

한자 1-7

한자	음과 훈	예시
町 밭두둑 정	チョウ まち	不老町(ふろうちょう) 후로쵸(행정구역 이름) 町(まち) 동네, 도시
天 하늘 천	テン あま	天気(てんき) 날씨 天(あま)の川(がわ) 은하수
田 밭 전	デン た	油田(ゆでん) 유전 田植(たう)え 모내기, 田畑(たはた) 논밭
土 흙 토	ド, ト つち	土曜日(どようび) 토요일, 土地(とち) 토지 土(つち) 흙
二 두 이	ニ ふた(つ)	二時(にじ) 두 시, 二年(にねん) 2년 二(ふた)つ 두 개
日 날 일	ニチ ひ	一日(いちにち) 하루, 毎日(まいにち) 매일 朝日(あさひ) 아침 해
入 들 입	ニュウ はい(る)	入学(にゅうがく) 입학, 入試(にゅうし) 입시 入(はい)る 들어가다
年 해 년	ネン とし	新年(しんねん) 신년, 来年(らいねん) 내년 毎年(まいとし) 매년
白 흰 백	ハク しろ	紅白(こうはく) 홍백, 告白(こくはく) 고백 白(しろ) 하양, 白(しろ)い 하얗다
八 여덟 팔	ハチ やっ(つ)	八月(はちがつ) 8월 八(やっ)つ 여덟 개

勉強しなければなりません

23과

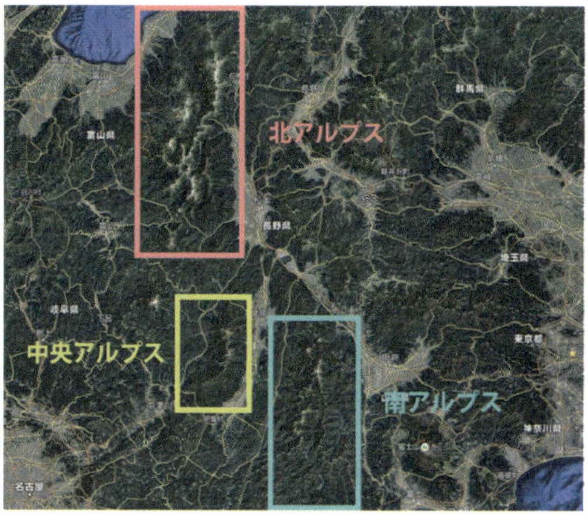

【일본알프스 (日本アルプス)】

유럽의 알프스에 필적하는 일본의 자연경관으로 남알프스, 중앙알프스, 북알프스로 이루어져 있다. 수려한 산악 절경을 감상할 수 있다.

학습목표

의무표현 ~なければならない
가정형 ~なら
조언표현 ~た 方が いい

기본문형

勉強しなければなりません。(공부하지 않으면 안 됩니다)
参考書(さんこうしょ)を 買うなら 三省堂(さんせいどう)が 一番です。(참고서를 사려면 산세이도가 최고예요)
確(たし)かめた 方が いいです。(확인하는 것이 좋아요)

Main Sentence

本田(ほんだ)：木村さん、今日 帰りに 一杯(いっぱい) 飲みませんか。

木村：すみません。今日は 早く 帰らなければなりません。

本田：そうですか。何(なに)か あるんですか。

木村：ええ、明日 専攻科目(せんこうかもく)の テストがあって、

勉強(べんきょう)しなければなりません。

本田：そうですか。分かりました。

テスト がんばってください。

木村：はい、がんばります。

お酒(さけ)は テストが 終わったら 飲みましょう。

本田：そうですね。そうしましょう。

木村：あ、本田さん、ちょっと 聞きたいことがあるんですが、

参考書(さんこうしょ)は どこに 行けば 買う ことができますか。

本田：参考書を買うなら 三省堂(さんせいどう)に 行った方がいいですよ。

木村：三省堂ですか。

本田：はい、参考書を 買うなら 三省堂が 一番(いちばん)です。

交通(こうつう)も 便利だし、いいものが いっぱい あります。

木村：そこは 夜遅くまで 開(あ)いているんですか。

本田：多分 遅くまで 開いていると思いますが、

確(たし)かめた 方が いいでしょうね。

木村：カードも 使(つか)えますか。

本田：もちろん 使えると 思います。

◆ 본문해석

혼다 : 기무라씨, 오늘 퇴근길에 한잔 안할래요?

기무라 : 미안합니다. 오늘은 빨리 집에 가야 돼요.

혼다 : 그래요? 무슨 일 있어요?

기무라 : 네, 내일 전공과목 시험이 있어서 공부해야 하거든요.

혼다 : 그렇군요. 알겠습니다. 시험 잘 보세요.

기무라 : 네, 열심히 하겠습니다. 술은 시험이 끝나면 마시지요.

혼다 : 그러죠. 그렇게 합시다.

기무라 : 아, 혼다씨, 물어볼 게 좀 있는데요, 참고서는 어디에 가면 살 수가 있어요?

혼다 : 참고서를 사려면 산세이도에 가는 게 좋아요.

기무라 : 산세이도 말인가요?

혼다 : 네, 참고서를 사려면 산세이도가 최고예요. 교통도 편리하고, 좋은 것이 많이 있어요.

기무라 : 거기는 밤늦게까지 열려 있나요?

혼다 : 아마 늦게까지 열려 있을 거라고 생각합니다만, 확인해 보는 것이 좋을 거예요.

기무라 : 카드도 사용할 수 있나요?

혼다 : 물론 사용할 수 있을 거예요.

단어

勉強(べんきょう)する 공부하다 / 参考書(さんこうしょ) 참고서 / 買(か)う 사다 / 三省堂(さんせいどう) 산세이도(서점 이름) / 一番(いちばん) 가장, 최고 / 確(たし)かめる 확인하다 / 一杯(いっぱい) 한잔 / 専攻(せんこう) 전공 / 科目(かもく) 과목 / がんばる 노력하다 / お酒(さけ) 술 / 飲(の)む 마시다 / 聞(き)く 묻다, 듣다 / 交通(こうつう) 교통 / 便利(べんり)だ 편리하다 / 夜(よる) 밤 / 開(あ)く 열리다 / 使(つか)う 사용하다

문형연습

1. 勉強しなければなりません。

① 約束は 守らなければなりません。

② レポートを 出さなければなりません。

③ 弟の宿題を 手伝わなければなりません。

2. テストが終わったら 飲みましょう。

① 仕事が終わったら、今日は和食を食べましょう。

② 時間があったら お茶でも飲みましょう。

③ 忙しくなかったら 話でもしましょう。

3. 何杯(なんばい)ですか。

一杯	二杯	三杯	四杯	五杯
いっぱい	にはい	**さんばい**	よんはい	ごはい
六杯	七杯	八杯	九杯	十杯
ろっぱい	ななはい	**はっぱい**	きゅうはい	**じゅっぱい**

① 金さんは 焼酎(しょうちゅう)を 何杯 飲めますか。

② 私は 毎晩 ワインを 一杯ずつ 飲みます。

③ ウイスキーを 三杯 飲んだら 酔っぱらってしまいました。

4. 参考書(さんこうしょ)を 買うなら 三省堂(さんせいどう)が 一番です。

① シンチョンに 行くなら 市役所(しやくしょ)で 乗り換えれば いいんですよ。

② 旅行に 行くなら 日本が 一番です。

③ 日本語が 上手になりたいなら、毎日 朗読をするのが いいですよ。

5. 三省堂(さんせいどう)に 行った方が いいですよ。

① 本を買った時は 早めに 読んだ方が いいです。

② 授業がある時は 5分前に 行った方が いいです。

③ ミーティングの時間を 確かめた方が いいと思いますよ。

6. 話をしない方が いいです。

① 彼には 話(はな)さない方が いいと思います。

② テレビは あまり長い時間 見ない方が いいですよ。

③ 運動は 無理に しない方が いいですよ。

단어

約束(やくそく) 약속 / 和食(わしょく) 일식 / 忙(いそが)しい 바쁘다 / 何杯(なんばい) 몇 잔 / 焼酎(しょうちゅう) 소주 / 毎晩(まいばん) 매일 밤 / 酔(よ)っぱらう 취하다 / 市役所(しやくしょ) 시청 / 乗(の)り換(か)える 갈아타다 / 旅行(りょこう) 여행 / 朗読(ろうどく) 낭독 / 授業(じゅぎょう) 수업 / ミーティング 회의 / 時間(じかん) 시간 / 運動(うんどう) 운동

연습문제

1. (　) 안의 단어를 알맞은 형태로 고쳐 보세요.

(1) あのレストランは 予約を＿＿＿＿＿＿＿＿なりませんよ。(する)

(2) 会社の 仕事で 東京へ＿＿＿＿＿＿＿＿ならないんです。(行く)

(3) 人との約束は＿＿＿＿＿＿＿＿なりません。(守る)

(4) 月曜日までに レポートを＿＿＿＿＿＿＿＿なりません。(出す)

(5) 12時ごろ 家を＿＿＿＿＿＿＿＿なりません。(出る)

2. 「なら」를 사용하여 문장을 완성해 보세요.

(1) A　だれか フランス語が できる 人は いませんか。
　B　＿＿＿＿＿＿＿＿田中さんが できます。

(2) A　朝ごはんのおかずは なっとうです。
　B　＿＿＿＿＿＿＿＿食べたくありません。

(3) A　少し 寒いですね。
　B　＿＿＿＿＿＿＿＿窓を 閉めてください。

(4) A　私は パパイヤが 好きです。
　B　＿＿＿＿＿＿＿＿もう一つ 食べてください。

(5) A　歩いて 行く 予定です。
　B　＿＿＿＿＿＿＿＿早めに 出発しなくては いけません。

3. 「~た方が いいです」, 「~ない方が いいです」를 사용하여 문장을 완성해 보세요.

(1) お酒は 体に 悪いです。 ______________________________よ。
(やめる)

(2) アルコールは 体に よくないです。 _____________________よ。
(飲む)

(3) スマートフォンは 目によくないです。
長い時間______________________________よ。
(見る)

(4) 夜は できるだけ 早めに______________________________よ。
(休む)

(5) 日本語や英語の単語は 毎日少しずつ___________________よ。
(覚える)

Note

〈일본의 공휴일〉

1月1日
元日
설날

1月第2月曜日
成人の日
성인의 날

2月11日
建国記念の日
건국기념일

3月21日頃
春分の日
춘분의 날

4月29日
昭和の日
쇼와의 날

5月3日
憲法記念日
헌법기념일

5月4日
みどりの日
녹색의 날

5月5日
こどもの日
어린이날

7月第3月曜日
海の日
바다의 날

8月11日
山の日
산의 날

9月第3月曜日
敬老の日
경로의 날

9月23日頃
秋分の日
추분의 날

10月第2月曜日
体育の日
체육의 날

11月3日
文化の日
문화의 날

11月23日
勤労感謝の日
근로감사의 날

12月23日
天皇誕生日
천황탄생일

〈생활일본어4〉

テスト (시험)

男 : 中間テストはどうだった?

女 : まあまあだったわ。 結構がんばったと思ったけどね。

男 : 俺はテストの前日に友だちと飲んじゃって、さんざんだったよ。

女 : テストの前の日にお酒飲む人がどこにいるの。

男 : いつも後悔してるけど、仕方がないんだよ。

女 : へえ, それが友情ってものかしら。

男 : 중간시험은 어땠어?

女 : 그저 그랬어. 꽤나 열심히 했다고 생각했는데 말야.

男 : 나는 시험 전날에 친구랑 한잔해서 엉망이었어.

女 : 시험 전날에 술 마시는 사람이 어딨니?

男 : 항상 후회하는데도, 어쩔 수가 없단 말야.

女 : 호오, 그게 우정이라는 거야?

단어

テスト 시험, 테스트	結構(けっこう) 꽤, 그런 대로, 제법
俺(おれ) 나(남성용어)	前日(ぜんじつ) 전날
仕方(しかた) 방법, 수단	仕方がない 어쩔 수 없다

このボタンを押すと動きます

24과

【교토 (京都)】

일본 천년의 고도. 높이 제한이 있는 교토에서 가장 높은 건축물은 한창 건축 중이던 1963년의 인구 131만 명을 기념한 131미터의 교토타워이다.

학습목표

가정형 ~と
원인, 이유 ~から, ~ので

기본문형

このボタンを押すと 自動的に動きます。
(이 버튼을 누르면 자동적으로 움직입니다)
ちょっと 教えてくださいませんか。(좀 가르쳐 주시지 않겠습니까?)
物価が高いので 住みにくいです。(물가가 비싸서 생활하기 힘들어요)

Main Sentence

稲垣(いながき)：あのう、すみません。

この機械(きかい)の 使い方を 教(おし)えてくださいませんか。

斉藤(さいとう)：はい、いいですよ。これを開けて、このボタンを押すと 自動的に 動きます。

稲垣：分かりました。簡単(かんたん)ですね。

斉藤：終わった時は ボタンを もう一度 押すと 止まります。

稲垣：あのう、失礼ですが、何年生(なんねんせい)ですか。

斉藤：3年生です。電子工学(でんしこうがく)を 専攻(せんこう)しています。

稲垣：私は一年生です。まだ分からないことがいっぱいあって困(こま)っています。

斉藤：すぐ慣(な)れると思いますよ。でも、最近は物価(ぶっか)が高いので少し 住みにくいかもしれませんね。

稲垣：そうですね。結構(けっこう) お金がかかります。

斉藤：学校生活(がっこうせいかつ)は どうですか。

稲垣：楽しいです。授業(じゅぎょう)についていくのは 大変ですけど。

斉藤：授業が 多いんですか。

稲垣：そうでもありませんが、テキストに漢字(かんじ)が多いから覚えるのが大変です。

斉藤：うちの専攻も 覚えなければならない 公式(こうしき)が すごく 多くて大変です。

稲垣：お互(たが)い様(さま)ですね。

◆ 본문해석

이나가키 : 저 미안한데요.

이 기계 사용법을 가르쳐 주시지 않을래요?

사이토 : 네, 좋아요. 이것을 열고, 이 버튼을 누르면 자동적으로 움직여요.

이나가키 : 알겠습니다. 간단하군요.

사이토 : 끝났을 때는 이 버튼을 다시 한 번 누르면 멈춥니다.

이나가키 : 저어 실례지만 몇 학년이에요?

사이토 : 3학년이에요. 전자공학을 전공하고 있습니다.

이나가키 : 저는 1학년입니다.

아직 모르는 것이 엄청 많아서 힘드네요.

사이토 : 금방 익숙해질 거예요. 하지만 요즘은 물가가 비싸서 생활하기 좀 힘들지도 모르겠네요.

이나가키 : 그렇습니다. 꽤 돈이 듭니다.

사이토 : 학교생활은 어때요?

이나가키 : 재미있어요. 수업을 따라가는 것은 힘들지만요.

사이토 : 수업이 많나요?

이나가키 : 그렇지도 않습니다만, 교재에 한자가 많아서 암기하는 것이 힘들어요.

사이토 : 우리 전공도 암기해야 하는 공식이 엄청 많아서 힘들지요.

이나가키 : 마찬가지군요.

단어

自動的(じどうてき) 자동적 / 機械(きかい) 기계 / 使(つか)い方(かた) 사용법 / 教(おし)える 가르치다 / 簡単(かんたん)だ 간단하다 / 何年生(なんねんせい) 몇 학년 / 電子工学(でんしこうがく) 전자공학 / 専攻(せんこう)する 전공하다 / 困(こま)る 곤란하다 / 慣(な)れる 익숙해지다 / 最近(さいきん) 최근 / 生活(せいかつ) 생활 / 公式(こうしき) 공식

문형연습

1. このボタンを押すと 動きます。

① 塩を入れると しょっぱくなります。
② 風邪薬を飲むと 眠くなります。
③ 寒くなると お酒が飲みたくなります。

2. ちょっと 教えてくださいませんか。

① アルバイトを 紹介してくださいませんか。
② ちょっと 静かにしてくださいませんか。
③ すみませんが、ちょっと 手伝ってくださいませんか。

3. 使い方を 教えてください。

① ここに 漢字の書き方が 書いてあります。
② あの人の歩き方は ちょっと おかしいですね。
③ お酒の飲み方は きちんと学習(がくしゅう)した方がいいです。

4. 電子工学を 専攻しています。

① 日本語を 専攻しています。
② 経済学を 専攻しています。
③ 心理学を 専攻しています。

5. 物価が 高いので 住みにくいかもしれませんね。

① これは甘いので 子供でも飲みやすいです。

② 字が汚(きたな)いから 読みにくいです。

③ 物価が安いので 暮(くら)しやすいです。

④ この機械の使い方は ちょっと 分かりにくいですね。

⑤ この肉は固(かた)くて 食べにくいです。

⑥ この部屋はうるさくて 勉強しにくいです。

단어

塩(しお) 소금 / しょっぱい 짜다 / 風邪薬(かぜぐすり) 감기약 / 紹介(しょうかい)する 소개하다 / 手伝(てつだ)う 돕다 / 漢字(かんじ) 한자 / 書(か)き方(かた) 쓰는 법 / 歩(ある)き方(かた) 걷는 법 / 飲(の)み方(かた) 마시는 법 / 経済学(けいざいがく) 경제학 / 心理学(しんりがく) 심리학 / 汚(きたな)い 지저분하다 / 暮(くら)す 생활하다 / 固(かた)い 딱딱하다, 질기다 / 部屋(へや) 방 / うるさい 시끄럽다

연습문제

1.「~と」를 사용하여 다음 문장을 완성하세요.

보기 : ボタンを 押すと 動きます。(押します)

(1) 電気を (　　　　　　　) 明るくなります。(つけます)

(2) 冬に (　　　　　　　) 寒くなります。(なります)

(3) 彼女が (　　　　　　　) 楽しくなります。(来ます)

2. 다음과 같이 대화를 만들어 보세요.

보기 : この機械の使い方を 教えてくださいませんか。

▶ はい、いいですよ。

(1) あのう、失礼ですが、何年生ですか。

▶ ______________________________

(2) 何を専攻していますか。

▶ ______________________________

(3) 学校生活はどうですか。

▶ ______________________________

3. 「~にくい」를 사용하여 문장을 완성해 보세요.

보기 : 物価が高いので 少し 住みにくいかもしれません。(住む)

(1) この肉は固くてちょっと__________かもしれません。(食べる)

(2) 隣の部屋がうるさいので____________かもしれません。(勉強する)

(3) この本には漢字が多くて____________かもしれません。(読む)

4. 다음 한국어를 일본어로 표현하세요.

(1) 수업을 따라가는 것이 힘들어요.

▶____

(2) 교재에 한자가 많아서 암기하는 것이 힘들어요.

▶____

(3) 공식이 너무 많아서 힘들어요.

▶____

これから読むところです

25과

【시치고산 (七五三)】

여아는 3세와 7세, 남아는 3세와 5세에 해당하는 11월15일에 아이들이 건강하게 자라기를 기원하는 행사이다.

학습목표

습관 ~ようにしている
시간표현 ~ところ
정보의 공유

기본문형

朝早(あさはや)く 起(お)きるようにしています。(아침 일찍 일어나도록 하고 있습니다)
これから 読むところです。(지금부터 읽을 참이에요)
あそこの 二階に あります。(거기의 2층에 있어요)

Main Sentence

井上：高橋さん、お元気ですか。

高橋：はい、おかげさまで。最近、中国に行ってきました。

井上：お仕事でしたか。

高橋：ええ。でも、あちこち 観光も したりして、楽しく 過しました。

井上：天気は どうでしたか。

高橋：よく 雨が降っていました。

最近は 雪も降っています。明日も 雪だそうです。

井上：そうですか。ここと あまり 変らないですね。

高橋：私は最近、朝早く 起きるようにしています。

井上：私は ちょっと 太り気味なので、夜は できるだけ 食べないようにしています。あ、高橋さん、私の後輩の 鈴木さんが 来月 結婚するそうです。

高橋：そうですか。それは良かったですね。ところで、井上さんは 英語の小説を 読んでいるそうですね。

井上：いいえ、本を買ったばかりで まだ読んではいません。

これから ちょうど 読むところです。

難しいところは 聞いてもいいですか。

高橋：ええ、大丈夫ですよ。私も上手ではありませんが。

井上：じゃ、来週の土曜日、ジュンという喫茶店で 会いませんか。

高橋：その喫茶店は どこにあるんですか。

井上：サンシャインビルは 知っているでしょう。
あそこの 二階に あります。

高橋：分かりました。じゃ、そこで午後 1 時に会いましょう。

井上：はい、お願いします。

◆ 본문해석

이노우에 : 다카하시씨, 잘 지내세요?

다카하시 : 네, 덕분에요. 최근에 중국에 다녀왔어요.

이노우에 : 업무차 가셨어요?

다카하시 : 네, 하지만 여기저기 관광도 하기도 하면서 즐겁게 보냈어요.

이노우에 : 날씨는 어땠어요?

다카하시 : 비가 자주 내리고 있었어요. 요즘에는 눈도 내리고 있어요. 내일도 눈이라고 하더군요.

이노우에 : 그래요? 여기하고 별로 다르지 않네요.

다카하시 : 저는 요즘에 아침 일찍 일어나도록 하고 있어요.

이노우에 : 저는 살이 좀 찌는 것 같아서 밤에는 될 수 있는 대로 먹지 않도록 하고 있어요. 아, 다카하시씨, 제 후배인 스즈키씨가 다음 달에 결혼한대요.

다카하시 : 그래요? 그거 잘됐군요. 그런데 이노우에씨는 영어 소설을 읽고 있다고 하더군요.

이노우에 : 아뇨, 책을 산 지 얼마 안돼서 아직 읽고 있지는 않습니다. 마침 지금부터 읽으려던 참이에요. 어려운 부분은 물어봐도 되나요?

다카하시 : 네, 괜찮아요. 저도 잘하지는 못하지만요.

이노우에 : 그럼, 다음 주 토요일, 준이라는 다방에서 만나지 않을래요?

다카하시 : 그 다방은 어디에 있어요?

이노우에 : 선샤인빌딩은 알고 있지요? 거기의 2층에 있어요.

다카하시 : 알겠습니다. 그럼 거기에서 오후 1시에 만납시다.

이노우에 : 네 부탁합니다.

단어

明日(あした) 내일 / 雪(ゆき) 눈 / 最近(さいきん) 최근 / 仕事(しごと) 일, 업무 / 観光(かんこう) 관광 / 過(す)ごす 보내다, 지내다 / 天気(てんき) 날씨 / 太(ふと)り気味(ぎみ) 살이 찐 듯한 경향 / 後輩(こうはい) 후배 / 来月(らいげつ) 다음달 / 結婚(けっこん)する 결혼하다 / 小説(しょうせつ) 소설 / 喫茶店(きっさてん) 다방, 찻집 / 二階(にかい) 이 층

문형연습

1. 明日も 雪が降るそうです。

① 彼女は 道庁に 勤めているそうです。
② 東京は 人口が 多いそうです。
③ 彼は とても まじめだそうです。

2. 夜は できるだけ 食べないようにしています。

① 小さいことは 気にしないようにしています。
② 彼の話は 無視するようにしています。
③ 毎日 卓球をするようにしています。

3. これから 読むところです。

① 今 ご飯を食べるところです。
② 今 ちょうど 寝るところです。
③ 今 出かけるところです。

4. ご飯を 食べているところなんです。

① テレビを 見ているところです。
② レポートを 書いているところです。
③ 今 風呂に入っているところです。

5. 今 ご飯を食べたところです。

① 会議は 今 始まったところです。

② 今 レポートを出したところです。

③ 今 出かけたところです。

6. あそこの 二階に あります。

① A: 佐藤さんと一緒に一杯飲みませんか。

B: あの 人は 口がうるさいから 一緒に飲みたくありません。

② 机の上にあった携帯電話は 誰のですか。

あれは モモコさんのです。

③ お昼は 正門の寿司屋さんにしませんか。

あそこは いつも込んでいるから 他の所にしましょう。

7. 何階(なんがい)ですか。

1階	2階	3階	4階	5階
いっかい	にかい	**さんがい**	よんかい	ごかい
6階	7階	8階	9階	10階
ろっかい	ななかい	はっかい	きゅうかい	じゅっかい

☞ 「何階」와 「3階」는 원래 「なんがい」와 「さんがい」가 맞는 발음인데 요즈음에는 「なんかい」와 「さんかい」로도 많이 표현하고 있다.

단어

道庁(どうちょう) 도청 / 勤(つと)める 근무하다 / 卓球(たっきゅう) 탁구 / 会議(かいぎ) 회의 / 一緒(いっしょ)に 같이, 함께 / 携帯電話(けいたいでんわ) 휴대전화 / 正門(せいもん) 정문 / 寿司屋(すしや)さん 초밥집 / 込(こ)む 붐비다 / 何階(なんがい) 몇 층

연습문제

1. 보기와 같이 「~ようにしている」를 사용하여 문장을 만들어 보세요.

보기　1日 7時間は 寝ます。

▶ 1日 7時間は 寝るようにしています。

(1) 毎日 日本語を 勉強します。

▶ ____________________

(2) 彼とは 話しません。

▶ ____________________

(3) 私は 早く 寝て、早く 起きます。

▶ ____________________

2. (　) 안의 말을 알맞은 형태로 고쳐 보세요.

(1) A このポッキー 一緒に 食べませんか。

B いいえ、今 お昼を____________ところですから。
(食べる)

(2) A 何を 読んでいるんですか。

B 今年ノーベル文学賞を取った小説を____________ところです。
(読む)

(3) A ちょっと休みませんか。

B 私も これから____________ところです。
(休む)

3. 대화 내용에 알맞은 말을 골라 보세요.

(1) A シンチョン駅で 会いましょうか。
B〔あそこ／そこ〕は ちょっと 人が 多いから、ほかの ところに しませんか。

(2) A 私は 外国人の 友だちが 一人 います。
B〔あの／その〕人は どこの 国の 人ですか。

(3) A きのう 読んでいた 本は 何だったんですか。
B〔あれ／それ〕は 流行語に 関する 本です。

4. 다음의 한국어를 일본어로 표현하시오.

(1) 저 아이돌 그룹은 일본에서도 인기가 있다고 합니다.

▶ ____

(2) 하루에 열 개씩 일본어 단어를 암기하도록 하고 있습니다.

▶ ____

(3) 지금 막 외출하려던 참이에요.

▶ ____

Note

【日本のなぞなぞ 4】(일본의 수수께끼 4)

(16) 見(み)ると つい キスしたくなる 花(はな)って なあに？

(보면 그만 키스하고 싶어지는 꽃이 뭐~게?)

(17) そうめんの中(なか)に必(かなら)ず入(はい)っている赤(あか)いものは何(なん)でしょうか？

(소면 안에 반드시 들어 있는 빨간 것은 무엇일까요?)

(18) いすは いすでも 冷(つめ)たくて おいしい いすは なあに？

(의자는 의자인데 차갑고 맛있는 의자가 뭐지?)

(19) ひるまは よこになってても できるのに 夜(よる)は がんばっても できないものって なあに？

(낮에는 누워서라도 할 수 있는데 밤에는 하려고 해도 할 수 없는 것이 뭐~게?)

(20) 服(ふく)にも ケイタイにも ついている 花(はな)って なあに？

(옷에도 휴대폰에도 붙어 있는 꽃이 뭐지?)

정답

(16) チューリップ(튤립 : 「チュー」는 「뽀뽀」를 나타내고 「リップ」는 「입술」을 나타내고 있다) / (17) うめ(매실 : 「そうめん」의 한가운데에 「うめ」가 들어 있다) / (18) アイスクリーム(아이스크림 : 「アイス」에 「いす(의자)」가 들어 있다) / (19) ひるね(낮잠) / (20) ボタン(모란 : 「ボタン」은 「버튼」도 되고 「모란꽃」도 된다)

〈생활일본어5〉

遠足 (소풍)

男 : 今週の土曜日にみんなで遠足に行くことにしたんだって。

女 : あ, そう? どこに行くことになったの?

男 : カンチョンという所があるんだけど、そこに行くんだって。

女 : カンチョンなら私も知ってるよ。それで、食事はどうするの?

男 : 各自自分の弁当を持っていくことにしたよ。

女 : お弁当作るの? 誰か私の分も持ってきてくれないかしら。

男 : 이번 주 토요일에 모두 같이 소풍가기로 했대.

女 : 아, 그래? 어디로 가게 되었는데?

男 : 강촌이라는 곳이 있는데, 거기로 간대.

女 : 강촌이라면 나도 알고 있어. 그래서 식사는 어떻게 하는 거야?

男 : 각자 자기 도시락을 가지고 가기로 했어.

女 : 도시락 만들어야 돼? 누군가 내 것도 가지고 와 주었으면 좋겠다.

단어

遠足(えんそく) 소풍
今週(こんしゅう) 금주, 이번 주
土曜日(どようび) 토요일
みんなで 모두 같이
弁当(べんとう) 도시락
誰(だれ) 누구

日本語で書けます

26과

【일본음식 (日本の食べ物)】

스시, 사시미, 스키야키와 같은 일본음식은 세계적으로도 고급 요리로 인기가 많다.

학습목표

가능동사

가능형　~れる, ~られる

의지형 ~う, ~よう

기본문형

手紙(てがみ)も 書けます。(편지도 쓸 수 있습니다)

食べられるようになりました。(먹을 수 있게 되었습니다)

挑戦(ちょうせん)してみようと思っています。(도전해 보려고 생각하고 있습니다)

Main Sentence

ミラ：日本語は なかなか 難しいですね。

ユナ：そうですね。

ミラ：ユナさんは、日本語で 何でも 話(はな)せるんですか。

ユナ：いいえ、まだまだです。

ミラ：日本語は どのくらい 勉強したんですか。

ユナ：一年ぐらいです。

ミラ：じゃ、日本語で 手紙(てがみ)も 書けますか。

ユナ：ええ、下手(へた)ですが、書けます。

ミラ：なっとうは 食べられますか。

ユナ：ええ、大好(だいす)きです。はじめは食べられませんでしたが、だんだん 食べられるようになりました。

ミラ：そうですか。ところで、今度(こんど)の 打ち上げコンパに ユナさんも 行くんですか。

ユナ：いいえ、ちょっと 用事(ようじ)があって、私は行けないんです。

ミラ：そうですか。残念(ざんねん)ですね。

ユナ：ミラさんは日本語のテストを受けるつもりはありませんか。

ミラ：そうですね。私も 挑戦(ちょうせん)してみようと思っています。

ユナ：私は ドラマと歌を通(つう)じて 日本語を勉強しました。

ミラ：それはいい方法(ほうほう)ですね。

私も ドラマを見ながら 勉強してみます。

ユナ：私は 一日一時間は 必(かなら)ず 勉強することにしています。

ミラ：たまには 私にも 教えてくださいね。

ユナ：はい。一緒(いっしょ)に 勉強しましょう。

◆ 본문해석

미라 : 일본어는 꽤 어렵네요.

유나 : 그렇죠?

미라 : 유나씨는 일본어로 뭐든지 말할 수 있나요?

유나 : 아녜요, 아직 멀었어요.

미라 : 일본어는 어느 정도 공부했어요?

유나 : 1년 정도예요.

미라 : 그럼, 일본어로 편지도 쓸 수 있어요?

유나 : 네, 서툴지만 쓸 수 있습니다.

미라 : 낫토는 먹을 수 있나요?

유나 : 네, 아주 좋아해요. 처음에는 못 먹었는데, 점점 먹을 수 있게 되었습니다.

미라 : 그래요? 그런데, 이번 종강파티에 유나씨도 가나요?

유나 : 아니오, 볼일이 좀 있어서 저는 갈 수 없어요.

미라 : 그래요? 유감이군요.

유나 : 미라씨는 일본어 시험을 쳐볼 생각은 없나요?

미라 : 네, 저도 도전해 보려고 생각하고 있어요.

유나 : 저는 드라마와 노래를 통하여 일본어를 공부했어요.

미라 : 그거 좋은 방법이네요. 저도 드라마를 보면서 공부해 보겠습니다.

유나 : 저는 하루에 한 시간은 꼭 공부하기로 하고 있습니다.

미라 : 가끔은 저에게도 가르쳐 주세요.

유나 : 네, 같이 공부하죠.

단어

手紙(てがみ) 편지 / 挑戦(ちょうせん)する 도전하다 / なかなか 꽤 / くらい(ぐらい)정도, 쯤 / 下手(へた)だ 서투르다 / なっとう 낫토 / だんだん 점점 / 今度(こんど) 이번, 다음 / 用事(ようじ) 볼일 / 残念(ざんねん)だ 유감이다 / つもり 계획, 작정, 셈 / 通(つう)じる 통하다 / 方法(ほうほう) 방법 / 一日(いちにち) 하루 / 必(かなら)ず 꼭, 반드시 / たまに 가끔 / 一緒(いっしょ)に 함께, 같이

문형연습

1. 동사의 가능형

종류	기본형	가능형
1류동사 (가능동사)	歌う 書く 話す 飲む	歌える 書ける 話せる 飲める
2류동사	起きる 食べる 寝る	起きられる 食べられる 寝られる
3류동사	来る する	来(こ)られる できる

☞ 2류동사와 「来る」의 가능형에는 「られる」가 붙는 것이 원칙이지만, 요즈음 많은 일본인들이 「ら」를 빼고 말하는 경향이 있다. 즉 「먹을 수 있다」는 「食べられる」가 원칙인데 「食べれる」와 같이 표현하는 경우도 많은 것이다. 이것을 「らぬきことば(ら생략어)」라고 하는데 초급 단계에서는 가능한 한 생략하지 말고 연습하는 것이 좋다. 1류동사의 가능형은 특별히 가능동사라고 한다.

2. 韓国語で 手紙も 書けますか。

① 日本語で 手紙が 書けますか。

② 日本語の歌が 歌えますか。

③ そんなことは できません。

3. だんだん 食べられるようになりました。

① 日本語が 話せるようになりました。

② 日本語の歌が 歌えるようになりました。

③ 納豆(なっとう)が 食べられるようになりました。

4. 동사의 ~(よ)う형 (의지형)

종류	기본형	의지형
1류동사	歌う 書く 話す 飲む	歌**おう** 書**こう** 話**そう** 飲**もう**
2류동사	降りる 食べる	降り**よう** 食べ**よう**
3류동사	来る する	**来(こ)よう** **しよう**

5. 私も 挑戦してみようと思っています。

① 今日からは 手紙を書こうと思います。

② キムチを 作ってみようと思っています。

③ 明日からは 朝ごはんも 食べようと思っています。

④ 今度の休みには 旅行に行ってこようと思います。

⑤ 日本語を 勉強しようと思っています。

6. 日本語を 勉強するつもりです。

① 日本で 就職(しゅうしょく)するつもりです。

② 大学院に進むつもりです。

③ 一生懸命(いっしょうけんめい) 努力するつもりです。

7. 必ず 勉強することにしています。

① 一日 3時間は 日本語を勉強することにしています。

② 彼とは 話さないことにしました。

③ 毎日 少しずつ 運動をすることにしています。

단어

納豆(なっとう) 낫토 / 降(お)りる 내리다 / 就職(しゅうしょく)する 취직하다 / 大学院(だいがくいん) 대학원 / 進(すす)む 나아가다, 진학하다 / 一生懸命(いっしょうけんめい) 열심히 / 少(すこ)し 조금 / ずつ ~씩

연습문제

1. 다음 문장을 보기와 같이 바꾸어 보세요.

보기 日本語で 手紙を 書く。

▶ 日本語で 手紙が 書けますか。

(1) 朝 早く 起きる。

▶ ______________________________

(2) 日本料理を 作る。

▶ ______________________________

(3) 明日 来る

▶ ______________________________

2. (　) 안의 단어를 가능의 형태로 고쳐 보세요.

(1) このごろは 刺身が ______________ようになりました。
(食べる)

(2) 前は 水泳が できませんでしたが、今は__________ようになりました。
(する)

(3) 前は できませんでしたが、今は日本語が 上手に________ようになりました。
(話す)

3. (　) 안의 단어와 「つもり」를 사용하여 대답해 보세요.

(1) A　大学を 卒業した 後、どうするんですか。(就職する)
　　B ______________________________

(2) A　大学で 何を 勉強するんですか。(日本文化)
　　B ______________________________

(3) A　卒業旅行に 行きますか。(いいえ)
　　B ______________________________

4. 다음의 한국어를 일본어로 표현하시오.

(1) 오늘부터 매일 1시간씩 일본어를 공부하기로 하였습니다.
　▶ ______________________________

(2) 저는 일본노래와 드라마를 듣고 이해할 수 있습니다.
　▶ ______________________________

(3) 지금부터는 정말로 열심히 공부할 생각입니다.
　▶ ______________________________

Note

〈생활일본어 6〉

日本語能力試験 (일본어능력시험)

男 : 日本語能力試験の試験日が近づいてきてるね。
今回、君は何級を受けるんだっけ。

女 : 私はN2。N1にしようかとも思ったけど、ちょっと自信がなくてね。

男 : 僕もN2なんだけど、N2もけっこう難しいらしいよ。

女 : 今からは総合的におさらいした方がいいかもね。

男 : そうだね。聞き取りも練習しなきゃ…。

女 : お互いにがんばろうね。ファイト!

男 : 일본어능력시험 시험일이 다가오고 있다, 그치? 이번에 너는 몇 급 본다고 했지?
女 : 난 N2. N1로 할까도 생각했지만, 자신이 좀 없어서.
男 : 나도 N2인데, N2도 꽤 어려운 것 같더라.
女 : 지금부터는 종합적으로 복습하는 게 좋겠지?
男 : 그래. 듣기도 연습해야 할 텐데···.
女 : 우리 같이 잘해보자. 화이팅!

단어

近づく(ちかづく) 다가오다
難しい(むずかしい) 어렵다
聞き取り(ききとり) 청취, 듣기
けっこう 꽤
おさらいする 복습하다
お互いに(おたがいに) 서로

中国へ行くことになりました

27과

【마네키네코 (招き猫)】

복을 불러오는 복고양이. 오른손을 들고 있는 고양이는 금전 운을 부르고 왼손을 들고 있는 고양이는 손님을 부른다고 하여 상점에 가면 많이 볼 수 있다.

학습목표

결과표현 ~ことになる
수수표현 くれる, もらう, あげる

기본문형

中国へ 行くことになりました。(중국에 가게 되었습니다)
仲間(なかま)に あげるプレゼントです。(동료에게 줄 선물이에요)
料理を 作ってくれるんです。(요리를 만들어 줍니다)

Main Sentence

後藤(ごとう)：藤本さん、最近 忙しいですか。

藤本(ふじもと)：ええ。また 中国へ 行くことになりました。

後藤：この前、タイから 帰ってきたばかりじゃないですか。

藤本：ええ。営業部(えいぎょうぶ)だから あっちこっち 回っています。

後藤：いつ 帰ってくるんですか。

藤本：今度は ちょっと 時間が かかると思います。あ、私、映画の招待券(しょうたいけん)を持っているんですが、要(い)りませんか。

後藤：もらっても いいんですか。

藤本：ええ、どうせ 私は 行けませんから。

後藤：じゃ、いただきます。
ところで、その 箱(はこ)は 何ですか。

藤本：これですか。中国の仲間(なかま)にあげる プレゼントです。

後藤：プレゼントを あげると 仕事が うまく 行くかもしれませんね。

藤本：それも ありますけど、すぐ 仲(なか)よくなるのに 必要な時があるんですよ。
それに 中国人(ちゅうごくじん)は よく 料理を 作ってくれるんです。

後藤：そうですか。藤本さんは いろんな国の 友達がいて、いいですね。中国語(ちゅうごくご)は どれくらいできますか。

藤本：そんなに上手ではありませんが、仕事をするには 特(とく)に 問題ないと思います。

後藤：うらやましいなあ。私も中国語を勉強(べんきょう)してみようかな。

藤本：後藤さんは 英語が得意(とくい)じゃないですか。

英語は どこででも 大体(だいたい) 通じるでしょう。

後藤：そうでもないですよ。

◆ 본문해석

고토 : 후지모토씨, 요즘에 바빠요?

후지모토 : 네, 또 중국에 가게 되었어요.

고토 : 요전에 태국에서 막 돌아오지 않았나요?

후지모토 : 네, 영업부라서 여기저기 돌아다니고 있어요.

고토 : 언제 돌아오나요?

후지모토 : 이번에는 시간이 좀 걸릴 것 같아요. 아, 저 영화 초대권을 가지고 있는데 필요 없어요?

고토 : 받아도 되나요?

후지모토 : 네, 어차피 저는 못가니까요.

고토 : 그럼 잘 받을게요. 그런데, 그 상자는 뭐예요?

후지모토 : 이거요? 중국 동료들한테 줄 선물이에요.

고토 : 선물을 주면 일이 잘 처리될지도 모르겠군요.

후지모토 : 그것도 있습니다만, 금방 친해지는 데에 필요할 때가 있거든요. 게다가 중국 사람은 요리를 자주 만들어 줘요.

고토 : 그래요? 후지모토씨는 여러 나라의 친구가 있어서 좋겠네요. 중국어는 어느 정도 할 수 있어요?

후지모토 : 그렇게 잘하지는 못하지만, 일을 하는 데는 특히 문제없다고 생각합니다.

고토 : 부러워라. 나도 중국어를 공부해 볼까?

후지모토 : 고토씨는 영어가 특기잖아요? 영어는 어디에서나 대체로 통하지요?

고토 : 그렇지도 않아요.

단어

中国(ちゅうごく) 중국 / 仲間(なかま) 동료 / 料理(りょうり) 요리 / 忙(いそが)しい 바쁘다 / タイ 태국 / 営業部(えいぎょうぶ) 영업부 / 招待券(しょうたいけん) 초대권 / 要(い)る 필요하다 / どうせ 어차피 / 箱(はこ) 상자 / 仲(なか) 사이 / 必要(ひつよう)だ 필요하다 / 友達(ともだち) 친구 / 特(とく)に 특히 / うらやましい 부럽다 / 得意(とくい)だ 잘하다 / 大体(だいたい) 대체로 / 通(つう)じる 통하다

문형연습

1. 中国へ行くことになりました。

① 子供は 入れないことになっています。

② 貿易会社に 勤めることになりました。

③ ここでは 身分証明書を 見せることになっています。

④ 毎日 体温を 測ることになっています。

⑤ 明日は 朝8時に 集まることになっています。

2. タイから 帰ってきたばかりじゃないですか。

① また食べるんですか。今ご飯を食べたばかりじゃないですか。

② 今起きたばかりで まだ出かける準備ができていません。

③ ダンスを習い始めたばかりで まだ基本的な踊りしかできません。

④ アメリカに来たばかりじゃないですか。焦ることはないですよ。

⑤ 今洗ったばかりなのに、もう汚れています。

3. 仲間に あげる プレゼントです。

① 私は 彼女に 誕生日のプレゼントをあげました。

② 友だちにあげる本を 買いました。

③ 鈴木さんに 何をあげるつもりですか。

④ 私は友だちに ラーメンを作ってあげました。

⑤ 私は彼女を 家まで 送ってあげました。

4. もらっても いいですか。

① このボールペン、もらってもいいですか。

② 日本語のテキストを もらってもいいですか。

③ 時給を こんなに もらってもいいでしょうか。

④ 私は 日本人に 日本語を教えてもらいました。

⑤ 私は 佐藤さんに 東京都内(とうきょうとない)を 案内してもらいました。

5. 料理を 作ってくれるんです。

① このスマートフォンは 妹がくれたんです。

② これは 彼女がくれたプレゼントです。

③ 木村さんが 親切に 説明してくれました。

④ キムさんが キムチを作ってくれました。

⑤ 鈴木さんが 私に たこやきを買ってくれました。

단어

入(はい)る 들어가다 / 貿易会社(ぼうえきがいしゃ) 무역회사 / 身分証明書(みぶんしょうめいしょ) 신분증명서 / 踊(おど)り 춤 / 焦(あせ)る 초조해하다 / 時給(じきゅう) 시급 / 都内(とない) 도내 / 案内(あんない)する 안내하다 / 妹(いもうと) 여동생 / たこやき 다코야키

연습문제

1. 한글에 맞게 일본어로 표현하시오.

(1) すみません、男性は________________。
(들어갈 수 없게 되어 있습니다)

(2) 未成年者には酒とたばこを________________。
(판매할 수 없게 되어 있습니다)

(3) 小学生以上は入場券を________________。
(사게 되어 있습니다)

2. 보기와 같이 말해 봅시다.

보기　10分前に食べました。▶ 食べた ばかりです。

(1) 5分前に起きました。
▶ ________________

(2) 昨日アメリカから帰ってきました。
▶ ________________

(3) 30分前にメールを送りました。
▶ ________________

3. 「あげる」, 「もらう」, 「くれる」를 사용하여 문장을 완성해 보세요.

(1) 田中さんが 私に パンを____________________ました。
(田中さん→私)

(2) 加藤さんは 伊藤さんに 辞書を____________________ました。
(加藤さん→伊藤さん)

(3) 私は 彼女に プレゼントを____________________ました。
(私←彼女)

4. 「~てあげる」, 「~てもらう」, 「~てくれる」를 사용하여 다음 문장을 만들어 보세요.

(1) 나는 친구에게 라면을 만들어 주었습니다.
▶____

(2) 나는 기무라씨에게 일본어를 가르쳐 받았습니다.
▶____

(3) 스즈키씨가 나에게 선물을 사 주었습니다.
▶____

先生に誉められました

第68回 NHK

紅白歌合戦

夢を歌おう

【홍백노래자랑 (紅白歌合戦)】

연말에 있는 일본 최대의 음악 쇼이다. 때로 한국 가수가 출연하기도 하는데 2017년에는 「트와이스」가 출연하였다.

학습목표

유감표현 ~てしまう

경어표현 さしあげる, くださる, いただく

수동표현 れる·られる

기본문형

ちょっと転(ころ)んでしまいました。(좀 넘어지고 말았어요)

バンドエイドでも さしあげましょうか。(대일밴드라도 드릴까요?)

先生に呼(よ)ばれました。(선생님 부름을 받았습니다)

Main Sentence

佐藤(さとう)：中村(なかむら)さん、どうしたんですか。

中村：何でも ありません。

ちょっと 転(ころ)んでしまっただけです。

佐藤：自転車に乗っていたんですか。

中村：ええ、電話に出ようとして 転んだんです。

佐藤：バンドエイドでも さしあげましょうか。

中村：あ、はい、持っていれば、一枚(いちまい) いただけますか。

佐藤：薬(くすり)もつけないといけないようですね。買ってきましょうか。

中村：いいえ、多分 大丈夫でしょう。

それより、佐藤さんも 何(なん)か 元気がないですね。

佐藤：ええ、先生に呼ばれて、研究室に行ってきました。

中間(ちゅうかん)テストの成績(せいせき)が良くなくて 叱(しか)られました。

中村：そうですか。厳(きび)しく叱られたんですか。

佐藤：そんなに 厳しくはありませんでしたが、いろいろ 言われました。

中村：それは 大変でしたね。私も呼ばれるかもしれません。

佐藤：もっと早めにテストの準備(じゅんび)をしておけば良かったですね。

中村：そうですね。もう そろそろ 期末(きまつ)テストだから、今から準備することにしましょう。

佐藤：そうですね。今度こそ先生に誉(ほ)められるように頑張ります。テストが終(お)わったら どこか行きませんか。

中村：ええ、行きましょう。済州道なんか どうですか。

佐藤：いいですね。3泊(ぱく)4日くらい、冬休みを楽しみましょう。

中村：はい、そうしましょう。

◆ 본문해석

사토 : 나카무라씨, 어떻게 된 거예요?

나카무라 : 아무것도 아녜요. 좀 넘어지고 만 것뿐이에요.

사토 : 자전거를 타고 있었나요?

나카무라 : 네, 전화 받으려다가 넘어졌어요.

사토 : 대일밴드라도 드릴까요?

나카무라 : 아, 네, 가지고 있으면 하나 주실래요?

사토 : 약도 바르지 않으면 안 될 것 같은데요. 사 올까요?

나카무라 : 아뇨, 아마 괜찮을 거예요. 그보다, 사토씨도 왠지 힘이 없군요.

사토 : 네, 선생님 부름을 받고 연구실에 다녀왔어요. 중간시험 성적이 안 좋아서 야단맞았어요.

나카무라 : 그래요? 심하게 야단맞았나요?

사토 : 그렇게 심하지는 않았습니다만, 이것저것 들었어요.

나카무라 : 그것 큰일이었군요. 저도 불려갈지 모르겠네요.

사토 : 좀 더 일찍 시험 준비를 해두었으면 좋았겠지요.

나카무라 : 그러게요. 이제 슬슬 기말시험이니까 지금부터 준비하도록 합시다.

사토 : 그러지요. 이번에야말로 선생님께 칭찬받을 수 있도록 노력하겠어요. 시험이 끝나면 어딘가 가지 않을래요?

나카무라 : 네, 갑시다. 제주도 같은 데 어때요?

사토 : 좋지요. 3박4일 정도 겨울방학을 즐기지요.

나카무라 : 네, 그렇게 합시다.

단어

誉{ほ)める 칭찬하다 / さしあげる 드리다 / くださる 주시다 / いただく「받다」의 겸양어 / 転(ころ)ぶ 넘어지다 / バンドエイド 대일밴드 / 自転車{じてんしゃ) 자전거 / 一枚(いちまい) 한 장 / 薬(くすり) 약 / 呼(よ)ぶ 부르다 / 研究室(けんきゅうしつ) 연구실 / 中間(ちゅうかん) 중간 / 成績(せいせき) 성적 / 叱(しか)る 야단치다 / 厳(きび)しい 엄하다 / 準備(じゅんび) 준비 / そろそろ 슬슬 / 期末(きまつ) 기말 / 冬休(ふゆやす)み 겨울방학 / 楽(たの)しむ 즐기다

문형연습

1. ちょっと 転んでしまったんです。

① 彼女の名前を 忘れてしまいました。

② おこづかいを 全部 使ってしまいました。

③ 友だちとの大事な約束を 忘れてしまったんです。

2. バンドエイドを さしあげます。

① 私は 先生に おみやげをさしあげました。

② 音楽会のチケットをさしあげます。

③ 外国人に 韓国語の読み方を教えてさしあげました。

3. 一枚 いただけますか。

① 昨日の歌合戦で 参加賞をいただきました。

② 吉田さんから 納豆をいただきました。

③ この漢字を読んでいただけませんか。

4. 日本の歌を 教えてくださいました。

① 先生が 推薦書を送ってくださいました。

② この本は 田中さんがくださったものです。

③ 値段を 安くしてくださいました。

5. 동사의 수동형

종 류	기본형	수동형
1류동사	思う 呼ぶ 読む 叱る	**思われる** **呼ばれる** **読まれる** **叱られる**
2류동사	見る 教える 食べる	**見られる** **教えられる** **食べられる**
3류동사	来る する	**来(こ)られる** **される**

6. 先生に呼ばれて 研究室に 行ってきました。

① いいことをして 先生に ほめられました。

② これは なかなか 有益な情報だと思われます。

③ この町は 住みやすいところに 選ばれています。

단어

おこづかい 용돈 / おみやげ 선물 / 音楽会(おんがくかい) 음악회 / 外国人(がいこくじん) 외국인 / 歌合戦(うたがっせん) 노래자랑 / 参加賞(さんかしょう) 참가상 納豆(なっとう) 낫토 / 推薦書(すいせんしょ) 추천서 / 値段(ねだん) 값 / 有益(ゆうえき)だ 유익하다

연습문제

1. 「~てしまう」를 사용하여 문장을 완성해 보세요.

(1) 300ページもある小説を 二日で 全部＿＿＿＿＿＿＿＿＿＿ました。
(読む)

(2) おいしいパンがあったので 三つも＿＿＿＿＿＿＿＿＿＿ました。
(食べる)

(3) ＿＿＿＿＿＿＿＿＿＿て、授業に遅れてしまいました。
(朝寝坊をする)

2. 「さし上げる」, 「いただく」, 「くださる」를 사용하여 문장을 완성해 보세요.

(1) 先生が 日本の歌を 教えて＿＿＿＿＿＿＿＿ました。

(2) 先輩に 論文の資料を コピーして＿＿＿＿＿ました。

(3) 外国人に 道を案内して＿＿＿＿＿＿＿＿＿ました。

3. 보기와 같이 수동형의 문장으로 바꾸어 보세요.

보기 先生が 私を 叱りました。

▶ 私は 先生に 叱られました。

(1) 先生が 学生を 呼びました。

▶ ＿＿＿＿＿＿＿＿＿＿＿＿＿＿＿＿＿＿＿＿

(2) 先生が 学生を ほめました。

▶ ______________________________

(3) 友だちが 私の 日記を 読みました。

▶ ______________________________

4. 다음의 한국어를 일본어로 표현하시오.

(1) 다카야마씨는 선생님에게 칭찬받았습니다.

▶ ______________________________

(2) 3시간에 리포트를 전부 써버렸습니다.

▶ ______________________________

(3) 선생님은 학생들에게 일본어 노래를 가르쳐 주셨습니다.

▶ ______________________________

Note

〈생활일본어 7〉

冬休み (겨울방학)

男 : 今学期(こんがっき)ももうそろそろ終(お)わりだね。早(はや)いもんだね。

女 : そうね。まだ、期末(きまつ)テストは残(のこ)ってるけどね。

男 : 君(きみ)は冬休(ふゆやす)みの計画(けいかく)、もう立(た)てた?

女 : まだだけど、今回(こんかい)は日本語(にほんご)の勉強(べんきょう)に専念(せんねん)しようかなと思(おも)ってるの。

男 : 勉強(べんきょう)だけじゃ面白(おもしろ)くないじゃん。遊(あそ)びに行(い)くのもいいかもよ。

女 : そうかもしれないけど、少(すく)なくとも三日坊主(みっかぼうず)にはならないようにするつもりよ。

男 : 이번 학기도 이제 곧 끝나네. 빠르다, 그치?
女 : 그러게. 아직, 기말시험은 남아 있지만.
男 : 너는 겨울방학 계획, 벌써 세웠니?
女 : 아직인데, 이번에는 일본어 공부에 전념할까 생각하고 있어.
男 : 공부만으로는 재미없잖아. 놀러가는 것도 좋지 않을까?
女 : 그럴지도 모르지만, 적어도 작심삼일은 되지 않도록 할 생각이야.

단어

今学期(こんがっき) 이번학기
冬休み(ふゆやすみ) 겨울방학
三日坊主(みっかぼうず) 작심삼일
残る(のこる) 남다
面白い(おもしろい) 재미있다
つもり 셈, 예정, 작정

한자 1–8

한자	음과 훈	예시
百 일백 백	ヒャク	百人(ひゃくにん) 백 명, 百年(ひゃくねん) 백 년
文 글월 문	ブン ふみ	文化(ぶんか) 문화, 作文(さくぶん) 작문 恋文(こいぶみ) 연애편지
木 나무 목	モク き	木造(もくぞう) 목조, 木曜日(もくようび) 목요일 木(き) 나무, 並木(なみき) 가로수
本 근본 본	ホン もと	本(ほん) 책, 本音(ほんね) 속마음 根本(ねもと) 뿌리
名 이름 명	メイ な	人名(じんめい) 인명, 地名(ちめい) 지명 名札(なふだ) 명찰, 名前(なまえ) 이름
目 눈 목	モク め	目的(もくてき) 목적, 科目(かもく) 과목 目(め) 눈, 目線(めせん) 눈높이
立 설 립	リツ た(つ)	立春(りっしゅん) 입춘, 国立(こくりつ) 국립 立(た)つ 서다, 成(な)り立(た)つ 성립하다
力 힘 력	リョク ちから	努力(どりょく) 노력, 能力(のうりょく) 능력 力(ちから) 힘, 底力(そこぢから) 저력
林 수풀 림	リン はやし	森林(しんりん) 삼림 林(はやし) 숲, 松林(まつばやし) 소나무 숲
六 여섯 륙	ロク むっ(つ)	六時(ろくじ) 여섯 시, 六人(ろくにん) 여섯 명 六(むっ)つ 여섯 개

어휘 리스트

<본 교재에서 사용한 어휘를 あいうえお 순으로 정리한 리스트이다. 색인보다 신속하게 필요한 단어를 찾을 수 있으니 활용하기 편리할 것이다>

【あ】

あい(愛) 사랑
アイス(ice) 얼음
アイスクリーム(ice cream) 아이스크림
あいだ 사이
アイロン(iron) 다리미
あう(会う) 만나다
あお(青) 파랑
あおい(青い) 파랗다
あか(赤) 빨강
あかい(赤い) 빨갛다
あき(秋) 가을
あく(開く) 열리다
あくび 하품
あける(開ける) 열다
あげる 주다
あさ(朝) 아침
あさがお(朝顔) 나팔꽃
あさって 모레
あさひ(朝日) 아침 해
あし(足) 다리, 발
あじ(味) 맛
あした(明日) 내일
あせる(焦る) 초조해하다
あそこ 저기
あそぶ(遊ぶ) 놀다
あたたかい(暖かい) 따뜻하다
あたま(頭) 머리
あたらしい(新しい) 새롭다
あたり(辺り) 부근
あちこち 여기저기
あちら 저쪽
あつい(暑い) 덥다
あつい(熱い) 뜨겁다
あつかう(扱う) 다루다, 취급하다
あっちこっち 여기저기
あつまる(集まる) 모이다
あと(後) 후, 뒤
あなた 당신
あに(兄) 형, 오빠
あね(姉) 누나, 언니
あの 저
あのう 저어
アパート(apartment house) 아파트
あまい(甘い) 달다
あまのがわ(天の川) 은하수
あまり 그다지, 별로
あまりにも 너무나도
あめ(雨) 비
アメリカ(America) 미국
あらう(洗う) 씻다
あり 개미
ある 있다
あるく(歩く) 걷다
アルコール(alcohol) 알코올, 술
アルバイト(독 Arbeit) 아르바이트
アルプス(Alps) 알프스

あれ 저것
あれこれ 이것저것
あんぜんだ(安全だ) 안전하다
あんた 당신
あんな 저런, 저러한
あんない(案内) 안내

【い】

いい(良い) 좋다
いいえ 아니요
いう(言う) 말하다
いえ(家) 집
いか 오징어
いきもの(生き物) 생물
イギリス(포 Inglez) 영국
いく(行く) 가다
いくつ 몇 개
いくら 얼마
いけない 안되다
いけん(意見) 의견
いし(石) 돌
いしゃ(医者) 의사
いじょう(以上) 이상
いす(椅子) 의자
いそがしい(忙しい) 바쁘다
いたい(痛い) 아프다
いただく「받다」의 겸양어
いち(一) 일
いつか(五日) 5일
いっこ(一個) 한 개
いっさい 일체
いっしゅうかん(一週間) 일주일
いっしょうけんめい(一生懸命) 열심히
いっしょに(一緒に) 같이
いっせきにちょう(一石二鳥) 일석이조
いったい 도대체
いっちょういっせき(一朝一夕) 일조일석
いつつ(五つ) 다섯 개
いつでも 언제나
いっぱい 가득, 많이
いつも 늘, 항상, 언제나
いと(糸) 실
いど(井戸) 우물
いぬ(犬) 개
いま(今) 지금
いもうと(妹) 여동생
いやだ(嫌だ) 싫다
いりぐち(入口) 입구
いる 있다
いる(要る) 필요하다
イルカ 돌고래
いろ(色) 색, 색깔
いろいろ 여러 가지, 이것저것
いわい(祝い) 축하, 축하의 선물

【う】

ウイスキー(whisky) 위스키
うえ(上) 위
うえのこうえん(上野公園) 우에노공원
うき(雨期) 우기
うける(受ける) 받다
うごく(動く) 움직이다
うせつ(右折) 우회전
うそ 거짓말
うた(歌) 노래
うたう(歌う) 노래하다
うたがっせん(歌合戦) 노래자랑
うち 우리
うちあげコンパ(打ち上げコンパ) 종강파티
うつくしい(美しい) 아름답다
うで(腕) 팔
うまく 잘
うみ(海) 바다
うみのひ(海の日) 바다의 날
うめ(梅) 매화
うらもん(裏門) 뒷문, 후문

うらやましい 부럽다
うりょう(雨量) 우량
うる(売る) 팔다
うるさい 시끄럽다
うわぎ(上着) 상의
うわさ 소문
うん 응
うんどう(運動) 운동

【え】

え(絵) 그림
えいが(映画) 영화
えいぎょう(営業) 영업
えいご(英語) 영어
ええ 네
えき(駅) 역
えらぶ(選ぶ) 고르다, 뽑다
えん(円) 엔(일본 화폐 단위)
えんそく(遠足) 소풍
えんぴつ(鉛筆) 연필
えんりょ(遠慮) 사양

【お】

おい 남자조카
おいかける(追いかける) 뒤쫓다
おいしい(美味しい) 맛있다
おう(王) 왕
おおあめ(大雨) 큰비
おおい(多い) 많다
おおきい(大きい) 크다
オーケー(OK) 오케이
おおさか(大阪) 오사카
オートバイ 오토바이
おかあさん 어머니
おかげさまで 덕분에
おかず 반찬
おかね(お金) 돈
おきなわ(沖縄) 오키나와
おきる(起きる) 일어나다
おく(置く) 놓다
おく(億) 억
おくりがな(送り仮名) 오쿠리가나
おくる(送る) 보내다
おくれる(遅れる) 늦어지다
おこさん(お子さん) 자제분
おこづかい 용돈
おさけ(お酒) 술
おさらいする 복습하다
おじ(伯父, 叔父) 백부, 숙부
おじいさん 할아버지
おしえる(教える) 가르치다
おしゃべり 수다
おじゃまする(お邪魔する) 찾아뵙다
おしり 엉덩이
おす(押す) 누르다
おそい(遅い) 늦다
おたがい(お互い) 서로
おちつく(落ち着く) 안정이 되다
おちゃ(お茶) 차
おちる(落ちる) 떨어지다
おっと(夫) 남편
おと(音) 소리
おとうさん(お父さん) 아버지
おとうと(弟) 남동생
おとこ(男) 남자
おどり(踊り) 춤
おどる(踊る) 춤추다
おなか(お腹) 배
おなじ(同じ) 같은
おにいさん(お兄さん) 형, 오빠
おねえさん(お姉さん) 누나, 언니
おば(伯母, 叔母) 백모, 숙모
おばあさん 할머니
おぼえる(覚える) 외우다, 기억하다
おみやげ 선물
おもい(重い) 무겁다

おもう(思う) 생각하다
おもしろい(面白い) 재미있다
おもちゃ 장난감
オランウータン(orangutan) 오랑우탄
おりる(降りる) 내리다
おれ(俺) 나 (남자용어)
おわり(終り) 끝
おわる(終わる) 끝나다, 끝내다
おんがく(音楽) 음악
おんどく(音読) 음독
おんな(女) 여자

【か】

か ~까, ~인가
が ~이, ~가
カード(card) 카드
かい(貝) 조개
かい(階) ~층
かい(回) ~회
かいか(開花) 개화
かいぎ(会議) 회의
がいこく(外国) 외국
かいしゃ(会社) 회사
かいじょう(会場)회장, 모임 장소
かいすいよくじょう(海水浴場) 해수욕장
かいそう(海草) 해초
ガイド 가이드
かいもの(買い物) 쇼핑, 장보기
かう(買う) 사다
かえす(返す) 돌려주다
かえり(帰り) 퇴근길
かえる(帰る) 돌아가다, 돌아오다
かお(顔) 얼굴
かおる(香る) 향기 나다
かかり(係) 담당
かかる 걸리다, 돈이 들다
かき(柿) 감
かく(書く) 쓰다
かぐ 냄새를 맡다
かぐ(家具) 가구
かくじ(各自) 각자
がくしゅう(学習) 학습
がくしょく(学食) 학식
がくせい(学生) 학생
かげ(影) 그림자
かける 걸다
かさ(傘) 우산
かざん(火山) 화산
かし(歌詞) 가사
かしゅ(歌手) 가수
かぜ(風) 바람
かぜ(風邪) 감기
かせん(河川) 하천
かぞく(家族) 가족
かた(方) 분
かたい(固い) 딱딱하다, 질기다
カタカナ(片仮名) 가타카나
かたづける(片付ける) 치우다, 정리하다
がっき(学期) 학기
がっこう(学校) 학교
がっせん(合戦) 겨루기
かな(仮名) 가나
かない(家内) 아내
かならず(必ず) 반드시, 꼭
かね(金) 돈
かのじょ(彼女) 그녀, 여자친구
かばん 가방
かびん(花瓶) 꽃병
かべ(壁) 벽
かまくら(鎌倉) 가마쿠라
かむ(噛む) 씹다
かもく(科目) 과목
かゆい 가렵다
かようび(火曜日) 화요일
から ~부터, ~이니까
からい(辛い) 맵다
カラオケ 노래방

からだ(体) 몸
かりゅう(下流) 하류
かりる(借りる) 빌리다
かるい(軽い) 가볍다
かれ(彼) 그 사람
かわ(川) 강
かわいい(可愛い) 귀엽다
かわく(乾く) 마르다
かわる(変わる) 변하다
かんきょう(環境) 환경
かんこう(観光) 관광
かんこく(韓国) 한국
かんじ(漢字) 한자
がんじつ(元日) 설날
かんしん(関心) 관심
かんする(関する) ~에 관한
かんせつ(間接) 간접
かんたんだ(簡単だ) 간단하다
がんばる(頑張る) 열심히 하다

【き】

きいろい(黄色い) 노랗다
きおん(気温) 기온
きかい(機械) 기계
きかく(企画) 기획
ききとり(聞き取り) 청취, 듣기
きぎょう(企業) 기업
きく(菊) 국화
きく(聞く) 듣다, 묻다
キス(kiss) 뽀뽀, 키스
きせつ(季節) 계절
きたない(汚い) 더럽다
きちんと 제대로
きつい 힘들다, 고되다
きっさてん(喫茶店) 다방, 찻집
きって 우표
きっと 꼭
きっぷ 표
きにする(気にする) 신경 쓰다
きねんび(記念日) 기념일
きのう(昨日) 어제
きびしい(厳しい) 엄하다
きほん(基本) 기본
きまつ(期末) 기말
きまる(決まる) 결정되다
きみ(君) 너, 자네
ぎみ ~듯한 경향
ぎむ(義務) 의무
キムチ 김치
きもの(着物) 옷
きゃく(客) 손님
ぎゃく(逆) 반대
きゃくしつ(客室) 객실
キャラメル(caramel) 캐러멜
ギャンブル(gamble) 도박
きゅう(九) 구, 아홉
きゅう(級) 급
きゅうがく(休学) 휴학
きゅうじつ(休日) 휴일
きゅうしゅう(九州) 규슈
ぎゅうどん(牛丼) 소고기덮밥
ぎゅうにゅう(牛乳) 우유
きゅうり 오이
きょう(今日) 오늘
ぎょうせき(業績) 업적
きょうしつ(教室) 교실
きょうだい(兄弟) 형제
きょうと(京都) 교토
きょく(曲) 곡
ぎょくせき(玉石) 옥석
きょねん(去年) 작년
きよみずでら(清水寺) 기요미즈데라
きらいだ(嫌いだ) 싫다, 싫어하다
キリン 기린
きる(着る) 입다
きれいだ(綺麗だ) 예쁘다, 깨끗하다
きんかくじ(金閣寺) 금각사

きんこ(金庫) 금고
ぎんこう(銀行) 은행
きんようび(金曜日) 금요일

【く】

ぐあい(具合) 상태
くうき(空気) 공기
くうこう(空港) 공항
くさ(草) 풀
クジラ 고래
くすり(薬) 약
ください 주세요
くださる 주시다
くだもの(果物) 과일
くち(口) 입
くに(国) 나라, 고향
くび(首) 목
くらい 정도, 쯤
くらい(暗い) 어둡다
グラウンド(ground) 운동장
くらす(暮す) 살다, 지내다, 생활하다
クラス(class) 클래스
くる(来る) 오다
グループ(group) 그룹
くるま(車) 차
くれる 주다
くろい(黒い) 검다
くん(君) 군
くんどく(訓読) 훈독

【け】

け(毛) 털
けいかく(計画) 계획
けいざいがく(経済学) 경제학
けいたい(携帯) 휴대, 휴대폰
けいと(毛糸) 털실
ケーキ(cake) 케이크
ゲーム(game) 게임
ゲスト(guest) 게스트
げた 나막신
けっこう(結構) 꽤, 상당히
けっこん(結婚) 결혼
げつまつ(月末) 월말
げつようび(月曜日) 월요일
けど ~지만
けんがく(見学) 견학
げんかん(玄関) 현관
げんきだ(元気だ) 건강하다
けんきゅうしつ(研究室) 연구실
げんご(言語) 언어
げんこう(原稿) 원고
けんこく(建国) 건국
けんぽう(憲法) 헌법

【こ】

こ(個) ~개
ご(五) 오, 다섯
こいし(小石) 작은 돌
こいのぼり(鯉のぼり) 고이노보리
こいぶみ(恋文) 연애편지
こうえん(公園) 공원
こうかいする(後悔する) 후회하다
こうがく(工学) 공학
ごうかく(合格) 합격
こうこう(高校) 고교
こうこうせい(高校生) 고등학생
こうしき(公式) 공식
こうじつ(口実) 구실, 핑계
こうすい(香水) 향수
ごうせん(号線) ~호선
こうちょう(校長) 교장
こうつう(交通) 교통
こうとう(口頭) 구두
こうはく(紅白) 홍백
こうはい(後輩) 후배

こうぶつ(好物) 좋아하는 음식
こえ(声) 목소리
コーヒー(coffee) 커피
ごがく(語学) 어학
こくおう(国王) 국왕
こくはく(告白) 고백
こくりつ(国立) 국립
ここ 여기
ごご(午後) 오후
ココア(cocoa) 코코아
ここのか(九日) 9일
ここのつ(九つ) 아홉 개
ごじゅうおんず(五十音図) 오십음도
こじん(個人) 개인
コスモス(cosmos) 코스모스
ごぜん(午前) 오전
こそ ~야 말로
こたえる(答える) 대답하다
ごちそうする 한턱내다
こちら 이쪽
こっそり 살며시
コップ(네 kop) 컵
こと　일, ~적
こども(子供) 아이
この 이
ごはん(ご飯) 밥
コピー(copy) 복사
こまる(困る) 곤란하다
こむ(込む) 붐비다
ゴリラ(gorilla) 고릴라
これ 이것
これから 지금부터, 앞으로
ころ(頃) 때, ~적
ころぶ(転ぶ) 넘어지다
こんかい(今回) 이번
こんがっき(今学期) 이번 학기
コンサート(concert) 콘서트
こんちゅう(昆虫) 곤충
こんど(今度) 이번
こんな 이런, 이러한
こんなに 이렇게
こんにちは 안녕하세요
こんにゃく 곤약, 구약나물
コンパ(← company) 모임, 회식
コンピューター(computer) 컴퓨터

【さ】

さあ 글쎄요
さい(歳) ~살
さいきん(最近) 최근
ざいりょう(材料) 재료
サウンド(sound) 사운드, 소리
さかだち 물구나무
さき(先) 먼저
さくぶん(作文) 작문
さくら(桜) 벚꽃, 벚나무
さけ(酒) 술
さしあげる 드리다
さしみ 회
さす(指す) 가리키다
ざせき(座席) 좌석
させつ(左折) 좌회전
さつ(冊) ~권
ざっし(雑誌) 잡지
さっそく 즉시
さっぱり 전혀, 조금도
さっぽろ(札幌) 삿포로
さびしい(寂しい) 쓸쓸하다
ざぶとん 방석
さむい(寒い) 춥다
さゆう(左右) 좌우
サラダ(salad) 샐러드
さわやかだ 상쾌하다
さん ~씨
さん(三) 삼
さんか(参加) 참가
さんがつ(三月) 삼월

さんこうしょ(参考書) 참고서
さんざんだ 엉망이다
サンシャインビル 선샤인빌딩
さんせいどう(三省堂) 산세이도
サンドイッチ(sandwich) 샌드위치
ざんねん(残念) 유감
さんぽ(散歩) 산보, 산책
さんま 꽁치

【し】

し ~하고
し(市) 시
じ(時) ~시
しあわせだ(幸せだ) 행복하다
シーソー(seesaw) 시소
しいたけ 표고버섯
シーツ(sheet) 시트
シーディー(CD) 시디
シート(seat) 자리
しお(塩) 소금
しかし 그러나
しかたない(仕方ない) 어쩔 수 없다
しがつ(四月) 사월
しかる(叱る) 야단치다
じかん(時間) 시간
じきゅう(時給) 시급
しけん(試験) 시험
しこく(四国) 시코쿠
しごと(仕事) 일, 업무
じさ(時差) 시차
じしょ(辞書) 사전
じしん(自信) 자신
しずおか(静岡) 시즈오카
しずかだ(静かだ) 조용하다
しぜん(自然) 자연
した(下) 아래
しち(七) 칠
しちごさん(七五三) 시치고산
しっとり 촉촉이
しつもん(質問) 질문
しつれい(失礼) 실례
じてんしゃ(自転車) 자전거
じどうしゃ(自動車) 자동차
じどうてき(自動的) 자동적
しぬ 죽다
じぶん(自分) 자기
しま(島) 섬
ジム(gym) 체육관
じむしつ(事務室) 사무실
しめる(閉める) 닫다
じもく(耳目) 이목
じゃ 그럼
ジャーナル(journal) 저널
しゃかい(社会) 사회
しやくしょ(市役所) 시청
ジャケット(jacket) 재킷
しゃしん(写真) 사진
しゃちょう(社長) 사장님
じゃま 방해
しゅう(週) 주
じゅう(十) 십
しゅうかん(習慣) 습관
しゅうしょく(就職) 취직
ジュース(juice) 주스
しゅうぶん(秋分) 추분
しゅうまつ(週末) 주말
じゅぎょう(授業) 수업
しゅくだい(宿題) 숙제
じゅけん(受験) 수험
しゅじん(主人) 남편, 주인
しゅっちょう(出張) 출장
しゅっせき(出席) 출석
しゅっぱつする(出発する) 출발하다
しゅと(首都) 수도
しゅどう(手動) 수동
しゅみ(趣味) 취미
しゅりじょう(首里城) 슈리성

じゅんび(準備) 준비
しゅんぶん(春分) 춘분
しょう(賞) 상
しょうかい(紹介) 소개
しょうがくきん(奨学金) 장학금
しょうがくせい(小学生) 초등학생
しょうがっこう(小学校) 초등학교
しようがない 어쩔 수 없다
じょうしき(常識) 상식
しょうじょじだい(少女時代) 소녀시대
しょうしん(昇進) 승진
じょうずだ(上手だ) 잘하다, 능숙하다
しょうせつ(小説) 소설
しょうたいけん(招待券) 초대권
しょうちゅう(焼酎) 소주
しょうてんがい(商店街) 상점가
じょうぶだ(丈夫だ) 튼튼하다
じょうほう(情報) 정보
しょうめいしょ(証明書) 증명서
しょうわ(昭和) 쇼와(연호)
しょくじ(食事) 식사
しょくよく(食欲) 식욕
じょせい(女性) 여성
しょっぱい 짜다
しりょう(資料) 자료
しる(知る) 알다
しろ(白) 하양
しろい(白い) 하얗다
しんがっき(新学期) 신학기
じんこう(人口) 인구
じんじゃ(神社) 신사
じんせい(人生) 인생
しんせつだ(親切だ) 친절하다
しんせんだ(新鮮だ) 신선하다
しんねん(新年) 신년
しんぶん(新聞) 신문
じんめい(人名) 인명
しんらい 신뢰
しんりがく(心理学) 심리학
しんりん(森林) 삼림

【す】

すいえい(水泳) 수영
すいか 수박
すいせんしょ(推薦書) 추천서
ずいぶん 꽤
すいようび(水曜日) 수요일
すう(吸う) 빨다, 피우다
すうがく(数学) 수학
スーパー(super) 슈퍼마켓
スカート(skirt) 스커트
すきだ(好きだ) 좋아하다
すぎる(過ぎる) 지나가다
すく 비다, 배고프다
すぐ 곧
すくない(少ない) 적다
すくなくとも(少なくとも) 적어도
スケジュール(schedule) 스케줄
すごく 굉장히
すごす(過ごす) 지내다, 보내다
すし(寿司) 초밥
すずしい(涼しい) 시원하다
すすむ(進む) 나아가다, 진학하다
スタート(start) 스타트
ずつ ~씩
すてきだ(素敵だ) 멋있다
すでに 벌써
スペインご(Spain語) 스페인어
すべりだい 미끄럼틀
スポーツ(sport) 스포츠
ズボン(프 jupon) 바지
スマートフォン(smart phone) 스마트폰
すみません 미안합니다
すむ(住む) 살다
する 하다
すわる(座る) 앉다

【せ】

せいかく(性格) 성격
せいかつ(生活) 생활
せいけつ 청결
せいしき(正式) 정식
せいしゅん(青春) 청춘
せいじん(成人) 성인
せいせき(成績) 성적
せいと(生徒) 학생
せいぶつ(生物) 생물
せいもん(正門) 정문
セール(sale) 세일
せき(席) 자리
せきどう(赤道) 적도
せきはん(赤飯) 팥밥
せきゆ(石油) 석유
せっかく 모처럼
せつめいする(説明する) 설명하다
ぜひ 꼭
せん(千) 천
せんこう(専攻) 전공
ぜんこく(全国) 전국
ぜんじつ(前日) 전날
せんしゅう(先週) 지난주
せんせい(先生) 선생님
ぜんぜん 전혀, 하나도
せんたく(洗濯) 빨래
せんでん(宣伝) 선전
せんねんする(専念する) 전념하다
せんぱい(先輩) 선배
ぜんぶ(全部) 전부, 다
せんぷうき 선풍기

【そ】

ぞう(象) 코끼리
そうげん(草原) 초원
そうごう(総合) 종합
そうじ(掃除) 청소
そうだ 그렇다
そうだ ~라고 하다
そうだ ~인 것 같다
そうちょう(早朝) 조조, 이른 아침
そうめん 국수, 소면
ソウル 서울
ソーセージ(sausage) 소시지
そこ 거기
そこぢから(底力) 저력
そちら 그쪽
そつぎょう(卒業) 졸업
その 그
そのうち 곧
そふ(祖父) 할아버지(겸양어)
そぼ(祖母) 할머니(겸양어)
そら(空) 하늘
それ 그것
それから 그리고
それじゃ 그러면
それで 그래서
それでは 그러면
そろそろ 슬슬
そんな 그런, 그러한
そんなに 그렇게

【た】

た ~이었다
だ ~이다
たい ~하고 싶다
タイ 태국
だい(台) ~대
だい(代) 대금, 값
たいいく(体育) 체육
ダイエット(diet) 다이어트
たいおん(体温) 체온
だいがく(大学) 대학, 대학교
だいがくいん(大学院) 대학원

だいがくせい(大学生) 대학생
だいきらいだ(大嫌いだ) 엄청 싫다
だいこん(大根) 무
だいじだ(大事だ) 소중하다, 중요하다
だいじょうぶだ(大丈夫だ) 괜찮다
だいすきだ(大好きだ) 매우 좋아하다
だいたい 대체로
だいだいいろ(だいだい色) 주황색
たいてい 대개, 대부분
だいぶ 꽤
だいぶつ(大仏) 대불
たいへん 매우, 대단히
たいへんだ(大変だ) 대단하다, 힘들다
たいらだ(平らだ) 평평하다
たいりく(大陸) 대륙
たうえ(田植え) 모내기
たかい(高い) 높다, 비싸다
たくさん 많이
タクシー(taxi) 택시
だけ 뿐, 만
だけではなく ~뿐만 아니라
たけのこ 죽순
たこ 문어
たこやき 다코야키
たしかめる(確かめる) 확인하다
だす(出す) 내다
ただしい(正しい) 올바르다
たつ(立つ) 서다
たっきゅう(卓球) 탁구
たてもの(建物) 건물
たてる(立てる) 세우다
たな(棚) 선반
たなばた(七夕) 칠석
たのしい(楽しい) 즐겁다
たのしむ(楽しむ) 즐기다
たのむ(頼む) 부탁하다
たばこ 담배
たはた(田畑) 논밭
たぶん(多分) 아마
たべもの(食べ物) 먹을 것, 음식
たべる(食べる) 먹다
たま(玉) 구슬, 옥
たまに 가끔
たまねぎ(玉ねぎ) 양파
だまる(黙る) 말없이 있다, 침묵하다
たら ~하면
たり ~하기도 하고
だれ(誰) 누구
たんご(単語) 단어
だんじょ(男女) 남녀
たんじょうび(誕生日) 생일
ダンス(dance) 댄스
だんせい(男性) 남성
だんだん 점점, 차차, 차츰
だんぼう(暖房) 난방
たんぽぽ 민들레

【ち】

チーズ(cheese) 치즈
ちいさい(小さい) 작다
ちか(地下) 지하
ちかい(近い) 가깝다
ちかく(近く) 근처
ちかづく(近づく) 다가오다, 다가가다
ちかてつ(地下鉄) 지하철
ちから(力) 힘
チケット(ticket) 티켓
ちず(地図) 지도
ちち(父) 아버지(겸양어)
ちとせ(千歳) 천세, 영원
ちめい(地名) 지명
チャイナタウン(Chinatown) 차이나타운
チャンポン 짬뽕
ちゅうおう(中央) 중앙
ちゅうかん(中間) 중간
ちゅうがくせい(中学生) 중학생
ちゅうけん(忠犬) 충견

ちゅうごく(中国) 중국
ちゅうしん(中心) 중심
ちゅうもん(注文) 주문
チューリップ(tulip) 튤립
ちょうさ(調査) 조사
ちょうし(調子) 상태
ちょうせつ(調節) 조절
ちょうせんする(挑戦する) 도전하다
ちょうど 마침
ちょっと 조금, 좀

【つ】

つい 그만
ついたち(一日) 1일
ついて 대하여
つうがく(通学) 통학
つうじる(通じる) 통하다
つかう(使う) 사용하다
つかれる(疲れる) 피곤하다
つき(月) 달
つきあう(付き合う) 교제하다
つく(着く) 도착하다
つく(付く) 붙다, 따르다
つくえ(机) 책상
つくる(作る) 만들다
つける 붙이다, 바르다
つたえる(伝える) 전하다
つち(土) 흙
つつじ 진달래, 철쭉
つづみ 장구
つとめる(勤める) 근무하다
つの(角) 뿔
つま(妻) 아내
つめたい(冷たい) 차갑다
つもり 계획, 작정, 셈
つよい(強い) 강하다

【て】

て(手) 손
て ~하고, ~해서
で ~에서, ~로
でかける(出かける) 나가다, 외출하다
てがみ(手紙) 편지
テキスト(text) 텍스트, 교재
できない 할 수 없다
できる 할 수 있다
できるだけ 최대한, 가능한 한
でしょう ~이겠지요
です 입니다
テスト(test) 테스트
てつだう(手伝う) 돕다
テニス(tennis) 테니스
では 그러면
てはいけない ~하면 안 된다
でも 하지만
てら(寺) 절
でる(出る) 나가다, (전화를) 받다
テレビ(television) 텔레비전
てん(点) 점
てんき(天気) 날씨
でんし(電子) 전자
てんじょう(天井) 천장
てんどん(天丼) 튀김덮밥
てんのう(天皇) 천황
でんわ(電話) 전화

【と】

と ~와(과)
と ~하면
ど(度) ~번(횟수)
ドア(door) 문
という ~라고 하는
ドイツ(네 Duits) 독일
どう 어떻게

どういたしまして 천만에요
とうきょう(東京) 도쿄
東京スカイツリー 도쿄스카이트리
東京タワー 도쿄타워
どうして 왜
どうせ 어차피
どうぞ 부디, 여기요
とうだいじ(東大寺) 동대사
どうちょう(道庁) 도청
どうぶつ(動物) 동물
どうぶつえん(動物園) 동물원
とお(十) 열
とおい(遠い) 멀다
とおか(十日) 10일
とき(時) 때
とくいだ(得意だ) 잘하다
どくしょ(読書) 독서
とくに(特に) 특별히
とくべつだ(特別だ) 특별하다
とけい(時計) 시계
どこ 어디
ところ(所) 곳, 장소
ところで 그런데
とし(年) 해
とち(土地) 토지
どちら 어느 쪽
とても 아주, 매우
とない(都内) 도내
となり(隣) 옆, 이웃
とにかく 어쨌든
とねがわ(利根川) 도네강
どの 어느
とぶ(飛ぶ) 날다
トマト(tomato) 토마토
とまる(泊まる) 묵다
とまる(止まる) 멈추다
ともだち(友達) 친구
どようび(土曜日) 토요일
ドラマ(drama) 드라마
どりょく(努力) 노력
とる(取る) 받다
どれ 어느 것
どんどん 자꾸자꾸, 계속해서
どんな 어떠한, 어떤

【な】

ない ~하지 않다
ない(無い) 없다
ナイトクラブ(night club) 나이트클럽
ナイトショウ(night show) 나이트 쇼
ないよう(内容) 내용
なか(中) 안, 속
なか(仲) 사이
ながい(長い) 길다
ながす(流す) 흘리다
なかなか 꽤
なかま(仲間) 동료
ながら ~하면서
なごや(名古屋) 나고야
なす 가지
なぞなぞ 수수께끼
なつ(夏) 여름
なっとう(納豆) 낫토
など 등
ななつ(七つ) 일곱
なに(何) 무슨, 무엇
なにいろ(何色) 무슨 색
なのか(七日) 7일
なふだ(名札) 명찰
なまえ(名前) 이름
なまほうそう(生放送) 생방송
なみき(並木) 가로수
なみだ(涙) 눈물
なら ~라면
ならう(習う) 배우다
ならけん(奈良県) 나라현
なりたつ(成り立つ) 성립하다

なる 되다
なれる(慣れる) 익숙해지다
なん(何) 무슨, 무엇
なんか 등, 따위
なんか(何か) 왠지
なんじ(何時) 몇 시
なんだか 왠지
なんとか(何とか) 어떻게든

【に】

に ~에, ~으로
に(二) 이
にぎやかだ(賑やかだ) 번화하다
にく(肉) 고기
にげる(逃げる) 도망가다
にし(西) 서쪽
にちようび(日曜日) 일요일
にっき 일기
にほん(日本) 일본
にほんご(日本語) 일본어
にほんごがく(日本語学) 일본어학
ニュアンス(프 nuance) 뉘앙스
にゅうがくしき(入学式) 입학식
にゅうし(入試) 입시
にゅうしゃ(入社) 입사
にゅうじょうけん(入場券) 입장권
ニュース(news) 뉴스
にょろにょろ 꿈틀꿈틀
にら 부추
にわ(庭) 마당
にん(人) ~인, ~명
にんき(人気) 인기
にんじん(人参) 당근
にんずう(人数) 인원수

【ぬ】

ぬぐ(脱ぐ) 벗다
ぬる 바르다

【ね】

ネール(nail) 네일
ネクタイ(necktie) 넥타이
ねこ(猫) 고양이
ねだん(値段) 가격, 값
ねぶそく(寝不足) 수면부족
ねぼうする(寝坊する) 늦잠을 자다
ねむい(眠い) 졸리다
ねむる(眠る) 잠들다
ねもと(根本) 뿌리
ねる(寝る) 자다
ねん(年) 년
ねんせい(年生) ~학년

【の】

の ~의
の ~의 것(형식명사)
のうそん(農村) 농촌
のうりょく(能力) 능력
ノート(note) 노트, 공책
ノーベルしょう(ノーベル賞) 노벨상
のこる(残る) 남다
ので ~이므로, ~때문에
のど 목
のに ~하는데
のぼる(登る) 오르다
のみこむ(飲み込む) 삼키다
のみもの(飲み物) 마실 것, 음료수
のみや(飲み屋) 술집
のむ(飲む) 마시다
のり 김
のりかえる(乗り換える) 갈아타다
のりば 승강장
のる(乗る) 타다
ノンノ 논노(패션잡지)

【は】

は ~은, ~는
ば ~하면
パーティー(party) 파티
はい 예, 네
バイト 아르바이트
はいる(入る) 들어가다
ばかり ~뿐, ~만
はかる(測る) 재다
はく(履く) 신다
ばくちく(爆竹) 폭죽
はこ(箱) 상자
はこぶ(運ぶ) 나르다
はじまる(始まる) 시작되다
はじめ 처음
はじめまして 처음 뵙겠습니다
はしる(走る) 달리다
バス(bus) 버스
バスケットボール(basketball) 농구
パセリ(parsley) 파슬리
はち(八) 팔
はつおん(発音) 발음
はつか(二十日) 20일
はっぴょう(発表) 발표
はつみみ(初耳) 처음 들음
はな(花) 꽃
はなし(話) 이야기
はなす(話す) 말하다
はなぢ(鼻血) 코피
はなみ(花見) 꽃놀이
はは(母) 어머니(겸양어)
パパイヤ(papaya) 파파야
はやい(速い) 빠르다
はやい(早い) 이르다, 빠르다
ばら 장미
はれる(晴れる) 날씨가 개다, 맑다
ハワイ(Hawaii) 하와이
パン 빵
はんえい 번영
はんたい 반대
バンドエイド 대일밴드

【ひ】

ひ(日) 날
ひ(火) 불
ピアノ(piano) 피아노
ぴかぴか 반짝반짝
ひく 치다, 연주하다
ひくい(低い) 낮다
ひこうき(飛行機) 비행기
ひさしぶりだ(久しぶりだ) 오래간만이다
ビタミン(vitamin) 비타민
ひだり(左) 왼쪽
ひっこす(引っ越す) 이사하다
ひつようだ(必要だ) 필요하다
ひと(人) 사람
ひとがら(人柄) 인품
ひとつ(一つ) 하나
バトミントン(badminton) 배드민턴
ひとり(一人) 혼자
ひなまつり(雛祭り) 히나마쓰리
ひまだ(暇だ) 짬이 나다, 여유롭다
ひまわり 해바라기
ひめじじょう(姫路城) 히메지성
ひゃく(百) 백
ひゆ(比喩) 비유
ヒューズ(fuse) 퓨즈
ビューティー(beauty) 뷰티
ピューマ(puma) 퓨마
ひょいと 무심코, 힐끔
ひょう(表) 표
びょうどう(平等) 평등
びょうぶ 병풍
ぴょこぴょこ 홀딱홀딱
ぴょんぴょん 깡충깡충
ひらがな(平仮名) 히라가나

ひる(昼) 낮, 점심
ビール(네 bier) 맥주
ビルディング(building) 빌딩
ひるね(昼寝) 낮잠
ひるま(昼間) 낮
ひろい(広い) 넓다
ひろう(拾う) 줍다

【ふ】

ファイト 화이팅
ふうふ(夫婦) 부부
ふく(服) 옷
ふくおか(福岡) 후쿠오카
ふじさん(富士山) 후지산
ふそく(不足) 부족
ぶた(豚) 돼지
ふたつ(二つ) 둘
ふたり(二人) 두 사람
ふつか(二日) 2일
ぶっか(物価) 물가
ふでばこ(筆箱) 필통
ふとる(太る) 살찌다
ふとん 이불
ふね(船) 배
ふべんだ(不便だ) 불편하다
ふゆ(冬) 겨울
ブランコ 그네
フランス(France) 프랑스
ふる(降る) 내리다
ふるさと(故郷) 고향
プレゼント(present) 선물
ふろ(風呂) 목욕
ふろうちょう(不老町) 후로쵸(행정구역)
ふん(分) 분
ふんいき(雰囲気) 분위기
ぶんか(文化) 문화
ぶんがく(文学) 문학
ぶんせきする(分析する) 분석하다

【へ】

へ ~에
ヘア(hair) 헤어, (머리)털
ペキン(北京) 북경, 베이징
ぺこぺこ 배고픈 모양
ベスト(best) 베스트
へそ 배꼽
へただ(下手だ) 서투르다
へや(部屋) 방
ペン(pen) 펜
べんきょうする(勉強する) 공부하다
べんとう(弁当) 도시락
べんりだ(便利だ) 편리하다

【ほ】

ぼうえき(貿易) 무역
ぼうし(帽子) 모자
ほうせき(宝石) 보석
ほうほう(方法) 방법
ほうりゅうじ(法隆寺) 호류지(법륭사)
ほか(他) 그 밖
ぽかぽか 따뜻한 모양
ぼく(僕) 나(남자용어)
ほし(星) 별
ボタン(button) 버튼
ぼたん 모란꽃
ほっかいどう(北海道) 홋카이도, 북해도
ポッキー 폿키(과자 이름)
ほど ~할수록, ~만큼
ほとんど 거의
ほめる(誉める) 칭찬하다
ボールペン(← ballpoint pen) 볼펜
ポルトガル(Portugal) 포르투갈
ホルモン(독 Hormon) 호르몬
ほん(本) 책
ほんしゅう(本州) 혼슈
ほんとうだ(本当だ) 진짜다

ほんね(本音) 속마음
ほんば 본고장
ほんぶ(本部) 본부
ほんや(本屋) 책방

【ま】

まあまあだ 그저 그렇다
まい(枚) ~장
マイク(mike) 마이크
まいにち(毎日) 매일
まいる(参る) 「가다, 오다」의 겸양어
まえ(前) 앞
まご(孫) 손자
まじめだ 성실하다
ましょう ~합시다
ます ~습니다
まず 먼저
また 또
まだ 아직
まち(町) 동내, 도시
まっかだ(真っ赤だ) 새빨갛다
まっしろだ(真っ白だ) 새하얗다
まつばやし(松林) 소나무 숲
まで ~까지
まど(窓) 창문
まなぶ(学ぶ) 배우다
まめ(豆) 콩
まもる(守る) 지키다
まるい(円い) 둥글다
まわる(回る) 돌아다니다
まん(万) 만
マンション(mansion) 맨션
まんぞく(満足) 만족

【み】

みかん 귤
みぎ(右) 오른쪽
みず(水) 물
みずぎ(水着) 수영복
みずたま(水玉) 물방울
みせ(店) 가게
みせいねんしゃ(未成年者) 미성년자
みせる(見せる) 보여주다
みそしる(みそ汁) 된장국
みち(道) 길
みちばた(道端) 길가
みっか(三日) 3일
みっかぼうず(三日坊主) 작심삼일
みつかる(見つかる) 발견되다
みっつ(三つ) 세 개
ミーティング(meeting) 회의
みどり 녹음
みぶん(身分) 신분
みみ(耳) 귀
みゃくらく(脈絡) 맥락
ミュージカル(musical) 뮤지컬
みょうぎ(妙技) 묘기
みょうに 묘하게
みる(見る) 보다
みんな 모두

【む】

むいか(六日) 6일
むかし(昔) 옛날
むし(虫) 벌레
むしする(無視する) 무시하다
むしば(虫歯) 충치
むずかしい(難しい) 어렵다
むすこ(息子) 아들
むすめ(娘) 딸
むっつ(六つ) 여섯
むね(胸) 가슴
むら(村) 마을
むり(無理) 무리

【め】

め(目) 눈
めい(名) ~명
めいぶつ(名物) 명물
めずらしい(珍しい) 신기하다
めせん(目線) 눈높이
メール(mail) 메일
メモ(memo) 메모
めんし(綿糸) 면사

【も】

も ~도
もう 벌써
もくぞう(木造) 목조
もくてき(目的) 목적
もくようび(木曜日) 목요일
もじ(文字) 문자
もちろん 물론
もつ(持つ) 가지다
もっと 더
もの(物) 물건
もの 것
もも(桃) 복숭아
もらう 받다
もり(森) 숲
もんだい(問題) 문제

【や】

や ~와, ~과, ~이랑
やおや 야채가게
やきそば(焼きそば) 야키소바
やくそく(約束) 약속
やさい(野菜) 야채
やさしい(優しい) 쉽다, 자상하다
やすい(安い) 싸다
やすい ~쉽다
やすみ(休み) 휴식, 쉼
やすむ(休む) 쉬다
やちん(家賃) 집세, 방세
やっつ(八つ) 여덟 개
やっと 겨우, 간신히
やっぱり 역시
やど(宿) 숙소
やね(屋根) 지붕
やま(山) 산
やまのぼり(山登り) 등산
やめる(止める) 그만두다, 중지하다
やる 하다
やわらかい(柔らかい) 부드럽다

【ゆ】

ゆうえきだ(有益だ) 유익하다
ゆうごはん(夕ご飯) 저녁밥
ゆうしゅうしょう(優秀賞) 우수상
ゆうじょう(友情) 우정
ゆうべ(夕べ) 어젯밤
ゆうめいだ(有名だ) 유명하다
ゆか(床) 마루
ゆき(雪) 눈
ゆでん(油田) 유전
ゆめ(夢) 꿈
ゆり(百合) 백합

【よ】

よい(良い) 좋다
よう(酔う) 취하다
ようか(八日) 8일
ようじ(用事) 용무
ようふく(洋服) 옷, 정장
ヨーグルト(독 Yoghurt) 요구르트
ヨーロッパ(포 Europa) 유럽
よく 잘
よくばる(欲配る) 욕심 부리다

よこ(横) 옆
よごす(汚す) 더럽히다
よこはま(横浜) 요코하마
よごれる(汚れる) 더러워지다
よしゅう(予習) 예습
よっか(四日) 4일
よっつ(四つ) 네 개
よてい(予定) 예정
よなか(夜中) 밤중
よぶ(呼ぶ) 부르다
よみかき(読み書き) 읽고 쓰기
よむ(読む) 읽다
よやく(予約) 예약
より ~보다
よる(夜) 밤
よろしく 잘
よん(四) 사, 넷

【ら】

ラーメン 라면
ライオン(lion) 사자
らいげつ(来月) 다음달
らいねん(来年) 내년
らくだ(楽だ) 편안하다
らしい ~같다

【り】

りかいする(理解する) 이해하다
りす 다람쥐
リスト(list) 리스트
りっしゅん(立春) 입춘
りっぱだ(立派だ) 훌륭하다
リップ(lip) 입술
りゃくしき(略式) 약식
りゅうがく(留学) 유학
りゅうこう(流行) 유행
リューマチ(rheumatism) 류머티즘
りょう(寮) 기숙사
りょうきん(料金) 요금
りょうしん(両親) 부모
りょうり(料理) 요리
りょこう(旅行) 여행
りんご 사과

【る】

ルーレット(프 roulette) 룰렛
るす 부재중

【れ】

れいぞうこ(冷蔵庫) 냉장고
レッスン(lesson) 레슨
レポート(report) 리포트
れんあい 연애
れんぎょう 개나리
れんしゅうする(練習する) 연습하다
れんらく(連絡) 연락

【ろ】

ろうそく 촛불
ろうどく(朗読) 낭독
ろく(六) 육, 여섯
ろんぶん(論文) 논문

【わ】

ワイシャツ(white shirt) 와이셔츠
わいろ 뇌물
ワイン(wine) 와인
わがし(和菓子) 화과자, 일본과자
わかる(分かる) 알다, 이해하다
わかわかしい(若々しい) 젊어 보이다
わしょく(和食) 일식
ワシントン(Washington) 워싱턴

わすれる(忘れる) 잊다
わだい(話題) 화제
わたくし(私) 저
わたし(私) 나, 저
わに 악어
わふく(和服) 일본 옷
わるい(悪い) 나쁘다
ワンちゃん 강아지

【を】

を ~을, ~를

각 과별 포인트 정리

과별	학습 포인트	기본문형	사진, 노트
제1과	일본어의 문자 체계	일본과 한국 세계의 언어와 일본어 일본어의 문자 오십음도	일본 지도
제2과	글자와 발음 1	청음 히라가나 가타카나	후지산
제3과	글자와 발음 2	탁음 반탁음 요음	스카이트리
제4과	글자와 발음 3	촉음, 발음 장음, 한자 오쿠리가나	금각사
제5과	명사문 명사의문문 명사부정문	学生です。 学生ですか。 学生ではありません。	연하장 한자1-1
제6과	지시사 의문사 소유격조사	これは 何ですか。 それは 本です。 あれも あなたの本ですか。	히메지성
제7과	숫자표현 시간표현 가격표현	今 何時ですか。 3時です。 これは いくらですか。	히나마쓰리 한자1-2
제8과	イ형용사문 イ형용사의 수식형 형식명사 の	百合は 白いです。 赤い 花が あります。 それは 私のです。	도쿄

과별	학습 포인트	기본문형	사진, 노트
제9과	연체사 ナ형용사문 ナ형용사의 수식형	どんな 家ですか。 この家は 立派ですね。 静かな ところですね。	하나미
제10과	동사문 동사의 종류와 활용	雑誌を 読みます。 新聞は 読みません。 音楽も 聞きますか。	요코하마 수수께끼1 한자1-3
제11과	존재문 ある 존재문 いる 고유숫자	本州に あります。 東京に います。 いくつ ありますか。	고이노보리
제12과	동사의 음편현상 부정문 ない	京都の地図持っていますか。 ガイドが 案内してくれます。 神社ではないです。	오사카 수수께끼2
제13과	명사의 과거형 동사의 과거형 형용사의 과거형	静かな 町でした。 そこに いました。 楽しかったです。	이츠쿠시마신사 한자1-4
제14과	권유형 조수사 사용법	どこか 出かけませんか。 そうしましょう。 上野公園は どうですか。	동대사
제15과	진행형 ~ている 결과상태형 ~てある	歌を 歌っています。 そう 書いてあります。 ちらしが 落ちています。	나고야
제16과	전언표현 허가표현 금지표현	人気が あるそうです。 借りても いいですか。 汚しては いけません。	문화의 날
제17과	경험표현 의견표현 추측표현	行ったことがあります。 おもしろいと思います。 上手でしょうね。	슈리성 생활일어1 한자1-5

과별	학습 포인트	기본문형	사진, 노트
第18과	병렬표현 순서표현 상황설명	テレビを見たりします。 本を借りて帰ります。 何をしているんですか。	삿포로
第19과	양태표현 동사+そうだ 형용사+そうだ	雪が降りそうですね。 おいしそうですね。 元気そうですね。	기요미즈데라 생활일어2 한자1-6
第20과	병렬표현 ~し, ~し 접미사 ~やすい	近いし、環境もいいです。 習慣もよくなっています。 とても住みやすいです。	관광명소 수수께끼3
第21과	가정형 ~たら 희망표현 ~たい 안부 전하기	決まったらどうしますか。 会社に入りたいですか。 よろしく伝えてください。	호류지 생활일어3
第22과	가정형 ~ば 결과상태 ~ておく 완료형	どう行けばいいんですか。 置いておきました。 お腹がすきました。	후쿠오카 한자1-7
第23과	의무표현 가정형 ~なら 조언표현	勉強しなければなりません。 本を買うなら三省堂が一番です。 確かめた方がいいです。	일본알프스 일본공휴일 생활일어4
第24과	가정형 ~と 원인, 이유 ~から, ~ので	ボタンを押すと動きます。 教えてくださいませんか。 高いので住みにくいです。	교토
第25과	습관 ~ようにしている 시간표현 ~ところ 정보의 공유	早く起きるようにしています。 これから読むところです。 あそこの二階にあります。	시치고산 수수께끼4 생활일어5
第26과	가능동사 가능형 ~れる, られる 의지형 ~う, ~よう	手紙も書けます。 食べられるようになりました。 挑戦してみようと思います。	일본음식 생활일어6

과별	학습 포인트	기본문형	사진, 노트
제27과	결과표현 ~ことになる 수수표현 くれる, もらう, あげる	中国へ行くことになりました。 仲間にあげるプレゼントです。 料理を作ってくれるんです。	마네키네코
제28과	유감표현 ~てしまう 경어표현 수동표현 れる·られる	転んでしまいました。 これでもさしあげましょうか。 先生に呼ばれました。	노래자랑 생활일어7 한자1-8

백동선

· 일본 나고야대학대학원문학연구과 일본언어문화전공
  석·박사과정 졸업, 문학박사
· 나고야한국학교, 나고야대학 교관 역임
· 현재 강원대학교 일본학과 교수

저서 및 논문

· 『일본어 경어의 이해』 (2016, 신아사)
· 「日本語における卑罵語の使用実態に関する研究」
  (2017,『日本文化研究』第63輯) 등

초급일본어

초판 1쇄 발행 _ 2018년 2월 23일

저　자 · 백 동 선
발행인 · 정 현 걸
발　행 · 신 아 사
인　쇄 · 토탈프로세스
주　소 · 서울특별시 은평구 통일로 59길 4 (2층)
전　화 · (02) 382-6411　팩스 · (02) 382-6401
홈페이지 · www.shinasa.co.kr
E-mail · shinasa@daum.net
출판등록 · 1956년 1월 5일 (제 9-52호)

ISBN 978-89-8396-258-4(93730)

정가 17,000원